AF192020

Hrsg. Franziska Röchter

Vorübergehend nicht ☨ erreichbar

Über Kontaktabbrüche zwischen Kindern und Eltern

chiliverlag

Zuletzt im chiliverlag erschienen:
Morden – Kurzkrimis, Marc Mandel, 2014
Tag des Zitronenfalters, Norbert J. Wiegelmann, 2014
Jetzt anders! – Ein Lesebuch voller Vielfalt und für Toleranz, 2014
Brombeerrausch – raja chili: HOT! Erotikanthologie, 2014
DEUS IUDEX MEUS – Nur Gott ist mein Richter, Ralf Seeger, 2014
Akte 7 – Anatomie des Übels, Franziska Dannheim, 2014
nacktschmecken – Erotische Geschichten, Maria Mariposa, 2014
Wut, Mut & Herz-Tattoos – Bühnentexte , Michel Pauwels, 2014
Glasaugenstern – 101 Gedichte von Alex Dreppec, 2015
Strohblumenstörung – Politische Dichtung der Gegenwart, 2015

1. Auflage März 2015
(c) chiliverlag, Franziska Röchter
franchili / 23

Die Rechte an den einzelnen Texten liegen beim Autor.
Detaillierte bibliographische Daten sind unter http://dnb.ddb.de bei der
Deutschen Nationalbibliographie abrufbar.

Lektorat, Gestaltung, Layout: Franziska Röchter
Coverfotos Irrgarten (unbearb.) und Mädchen auf Bank (unbearb.):
                                        Rainer Sturm / pixelio.de
Covergestaltung und Text S. 5: Franziska Röchter

Printed in Germany
ISBN 978-3-943292-25-1   **www.chiliverlag.de**

du bist gegangen
trotz der eindeutigkeit
einer lauernden lüge
warst du jemals da?
waren wir jemals?

Inhalt

Literarisches Prosa

Der Mann, die Frau, und der Hund

Sandra Niermeyer

Über dem Herd brannte Licht, der Rest der Küche lag im Halbdunkel. In der Ecke lag ein Stapel Bücher. Die Frau stand vor den Kochplatten und wärmte das Essen auf, sie rührte die Nudeln im Topf um, kratzte die Soße vom Topfboden, gab etwas Wasser hinzu. Sie hörte den Mann im Treppenhaus, wie er die Stufen hinauf kam, seine Schuhe abstellte und dann die Klinke nach unten drückte. Ein kleines Glöckchen läutete. Er stellte seine Tasche im Flur ab, hängte seinen Mantel an den Haken, öffnete die Küchentür und begrüßte sie. Sie wandte sich zu ihm um, lächelte ihn an. Er sah müde aus, die Haut unter seinen Augen war dunkel.

Anstrengender Tag heute, fragte sie.

Ja, sagte er, das Telefon stand nicht still. Sein Blick fiel auf den Küchentisch, auf den Brief, der dort lag, aufgerissen.

Hat sie jetzt geantwortet, fragte er.

Ja, hat sie, sagte die Frau. Nach drei Wochen und zwei Tagen. Sie nahm den Topf vom Herd und stellte ihn auf einen Untersetzer auf den Tisch.

Der Mann setzte sich auf seinen Stuhl, er fuhr sich mit den Händen übers Gesicht. Was schreibt sie, fragte er. Lies selbst, sagte die Frau.

Er nahm das gefaltete Papier aus dem Umschlag, klappte es auseinander, fing an zu lesen. Nach ein paar Sätzen legte er den Brief weg.

Das Übliche, sagte er.

Das Übliche, wiederholte die Frau, wie immer. Sie legte Besteck auf den Tisch, schob die Gabeln dicht neben die Teller.

Irgendwann ist es zu spät, dann bereut sie es.

Ja, sagte der Mann.

Wir leben nicht ewig, sagte die Frau.

Sie setzte sich an den Tisch ihm gegenüber, er stand auf, holte Salz und Pfeffer aus dem Regal, setzte sich wieder. Sie sah ihn an, als er das Gewürz über sein Essen streute. In den letzten

Jahren saß er gebeugt, zog seine Schultern nach vorne, schien den Größenverlust durch ein Strecken des Halses ausgleichen zu wollen, sein Hals wurde immer länger, der Kehlkopf ragte spitz hervor, presste sich gegen die Haut.

Sie nahm ihre Gabel und begann zu essen. Der Mann spießte ebenfalls ein paar Nudeln auf. Ihre Zähne mahlten leise durch den Teig, die Frau schluckte kaum hörbar, der Mann etwas lauter.

Wir haben alles richtig gemacht, sagte die Frau. Sie sah in ihren Teller, sonderte eine Nudel aus und legte sie an den Rand.

Ja, antwortete der Mann, wir haben alles richtig gemacht. Fehler macht jeder. Er schaufelte sich seine Portion in großen Bissen in den Mund, kaute kaum noch, schluckte nur.

Die Tür öffnete sich sacht, wie von Geisterhand aufgeschoben, der Hund schlüpfte herein. Er wedelte mit dem Schwanz, als er den Mann sah, stupste mit der Schnauze an dessen Hosenbein, dann ging er zu seinem Korb in der Ecke, drehte sich ein paar Mal im Kreis, als müsste er Gras platt treten, dann rollte er sich auf der Decke zusammen und legte den Kopf auf die Vorderpfoten.

Die Frau sah zum Hund hin, hielt die Gabel auf halber Höhe zum Mund. Er hat Husten, sagte sie zu dem Mann. Er hat wieder Wasser in der Lunge.

Der Mann nickte. Fünfzehn Jahre, sagte er. Er schob seinen Teller weg, der Teller war noch halb voll. Die Frau sagte nichts.

Der Mann faßte sich an die Nase, rieb die schmale Stelle zwischen den Augen, die Haut in den Augenwinkeln knatschte leise, dann ließ er die Hand sinken. Die Frau nahm seinen Teller, schüttete die Nudeln in den Müll.

Verdammtes Spray, murmelte er.

Du hast es zu lange genommen, sagte die Frau. Ich habe es dir gleich gesagt.

Ja, ja, sagte der Mann, wer kann denn sowas ahnen. Er fasste sich wieder an die Nasenwurzel, rieb die dünne Haut hin und her.

Ich könnte Pappe essen. Er nahm seine Finger von der Nase, legte die Hand auf den Tisch.

Die Frau aß ihren Teller langsam leer, erhob sich, stellte den Teller in die Spüle zu dem anderen, ließ Wasser darüber laufen und gab etwas Spülmittel hinzu. Dann drehte sie den Wasserhahn wieder zu. Sie blieb einen Moment vor dem Spülbecken stehen, dann fasste sie an die Heizung und stellte sie eine Stufe höher.

Manchmal frage ich mich, wie das andere Kind geworden wäre, sagte der Mann hinter ihrem Rücken.

Sie drehte sich nicht um, ihre Hand hatte sie immer noch an der Heizung, sie stellte sie noch eine Stufe höher. Lass uns nicht davon reden.

Trotzdem, sagte der Mann, manchmal frage ich mich das.

Es war nicht die Zeit dafür, sagte die Frau.

Nur ein Jahr vorher, sagte der Mann, nur ein Jahr vorher.

Die Frau drehte sich jetzt um. Ihre Hand hielt sie von sich weg wie einen Fremdkörper. Lass uns nicht über vergossene Milch weinen. Was geschehen ist, ist geschehen. Wir hätten es uns nicht leisten können.

Die Frau setzte sich wieder an den Tisch.

Vielleicht wäre es ein Junge geworden, sagte der Mann. Jungen sind unkompliziert.

Nein, sagte die Frau, es wäre auch ein Mädchen geworden.

Sie schwiegen, der Hund streckte sich und gähnte laut, ein hoher Ton kam aus seiner Kehle. Sie sahen beide zu ihm hin.

Ich gehe morgen mit ihm zum Tierarzt, sagte die Frau.

Der Mann nickte.

Wir haben ihr ein Zimmer im Keller gebaut, sagte er.

Ja, sagte die Frau, wir haben ihr ein Zimmer im Keller gebaut, mit Badezimmer und allem, es hat damals zehntausend Mark gekostet. Sie hatte mehr Platz als ihre Freundinnen.

Sie ist undankbar, sagte der Mann.

Die Frau nickte. Sie ist undankbar, wiederholte sie, das war sie schon immer.

Der Hund kam aus seinem Korb, er tapste über den glatten Küchenfußboden, ging zu dem Mann hin, legte seinen Kopf auf dessen Knie. Der Mann streichelte ihn.

Wir waren viel zu gut zu ihr, sagte der Mann.

Ja, sagte die Frau, wir waren viel zu gut zu ihr, wir haben sie verwöhnt. Verwöhnte Kinder sind undankbar.

Sie bückte sich, nahm ein paar Bücher vom Stapel und Klebefolie aus einer Kiste neben der Heizung. Sie klappte die Bücher auf, löste die Umschläge ab und begann sie zurechtzuschneiden. Dann klebte sie die Umschläge mit der Klebefolie auf den Buchdeckeln fest. Sie arbeitete schnell und routiniert. Der Mann sah auf den Hund nieder, streichelte seinen Kopf, er hörte das Rascheln der Seiten.

Halt mal fest, bat die Frau. Sie schob ihm ein Buch hin und er drückte seine Hand auf den Buchdeckel mit der Folie darüber, presste sie nach unten. Die Frau legte ihren Kopf schräg, blickte auf die Kanten des Buches. Es ist ein wenig schief, sagte sie mehr zu sich selbst.

Er schaute auf ihren Kopf, der sich über das Buch beugte. In den letzten Jahren war sie alt geworden. Den grauen Ansatz ließ sie immer länger heraus wachsen, seitdem sie gehört hatte, dass die Farbpigmente durch den ganzen Körper wandern konnten. Er wartete darauf, dass sie ihre Haare gar nicht mehr färbte. Frauen über sechzig mit pechschwarzen Haaren sind unnatürlich, fand er.

Sie zog das Buch wieder zu sich hin. Er nahm seine Hand weg und begann erneut, den Hund zu streicheln.

Montagmorgens war ihr immer schlecht, sagte die Frau über das Buch gebeugt. Sie hat ihr Frühstücksbrot beinahe nicht hinunter bekommen, sie musste immer würgen und hatte Bauchschmerzen.

Sie war zu dünn, sagte der Mann. Spitze Schultern und keinen Arsch in der Hose.

Nachher hat sie das Brot in die Toilette gespuckt, sagte die Frau. Das teure Brot. Ihr rutschte die Folie aus der Hand und klebte an falscher Stelle fest. Sie löste sie mit einem Ruck. Dabei war sie gut in der Schule.

Der Mann griff mit der linken Hand in den Brotschrank, holte eine Packung mit Keksen heraus, streichelte mit der rechten Hand den Hund weiter. Er nahm einen Keks aus der Schachtel, biss ein Stück ab, kaute, legte den Keks dann auf den Küchentisch. Die Frau sah kurz auf, blickte auf den Keks, dann wandte sie sich wieder ihren Büchern zu.

Ich weiß nicht, was sie uns vorwirft, sagte der Mann.

Nein, antwortete die Frau, das weiß ich auch nicht. Wir waren viel zu gut zu ihr, sie hatte uns gar nicht verdient.

Der Mann nahm den Keks und gab ihn dem Hund. Der Hund schnüffelte daran, dann drehte er seinen Kopf weg. Der Mann legte den Keks zurück auf den Tisch. Er steckte eine Hand in die Hosentasche und klimperte mit dem Kleingeld.

In der anderen Hosentasche habe ich ein Loch, sagte der Mann.

So? murmelte die Frau. Sie pustete ein paar festgetrocknete Krümel aus einem Buch.

Kommt sie zu Weihnachten, fragte der Mann.

Du hast den Brief doch gelesen, sagte die Frau.

Nicht zu Ende, sagte der Mann, nicht zu Ende.

Die Frau starrte auf die Schatten, die die Bücher warfen. Sie stand auf, stellte das Licht über dem Herd aus, dann knipste sie das Neonlicht über der Küchenanrichte an. Der Raum wurde gleißend hell. Der Mann schloss einen Moment die Augen. Der Hund stupste ihn mit der Schnauze an.

Wir versuchen, den Kontakt zu ihr zu halten, sagte der Mann mehr zum Hund als zur Frau.

Ja, das versuchen wir, sagte die Frau. Wir schreiben ihr zum Geburtstag und zu Weihnachten. Sie sah in die Spüle auf die schmutzigen Teller. Das Spülwasser hatte sich mit der Tomatensoße vermischt. Die Frau seufzte. Sie setzte sich wieder.

Sie wollte nie im Haushalt helfen.

Der Mann sagte nichts.

Weißt du noch, wie du im Garten hinter ihr her gerannt bist und sie geschlagen hast, weil sie nicht Klavier spielen wollte, sagte die Frau.

Sie war faul, sagte der Mann.

Das teure Klavier, sagte die Frau. Sie ließ ein paar Seiten durch ihre Finger gleiten, die Blätter lösten sich nur schwer voneinander.

Sie wollte unbedingt ein Klavier haben, sagte der Mann.

Ja, sagte die Frau. Du mochtest Klaviermusik damals so gern.

Und dann spielt sie nicht, sagte der Mann.

Wir waren auf einem Konzert, und du warst hinterher so begeistert, sagte die Frau.

Ja, sagte der Mann. Er kraulte dem Hund die Ohren.

Die Neonleuchte über der Küchenanrichte flackerte.

Du musst mal die Röhre auswechseln, sagte die Frau. Sie flackert immer stärker.

Ja, sagte der Mann. Nur Vorwürfe, sagte er.

Die Frau sah einmal kurz auf, blickte dann wieder auf die Bücher.

Der Mann fasste den Hund an beiden Ohren und drehte sie um dessen Kopf. Der Hund schüttelte sich, bis seine Augen wieder frei lagen. Er sah den Mann an, legte seine Schnauze auf dessen Knie.

Morgen ist Totensonntag, sagte die Frau. Ihre Stimme wurde plötzlich brüchig, der Mann sah nicht auf.

Ich habe meine Eltern nicht mehr, und sie hat ihre Eltern noch. Die Frau fing an zu weinen. Der Mann streichelte hilflos den Hund.

Meine Mutter hat mich auch geschlagen. Trotzdem habe ich sie über alles geliebt. Sie holte ein Taschentuch aus ihrer Hosentasche und putzte sich die Nase. Einmal hatte ich einer Nachbarin etwas erzählt, das ich nicht erzählen durfte, ich weiß nicht mehr was, und meine Mutter hat mich so geschlagen, daß ich drei Tage nicht sitzen konnte. Ich war fünf oder sechs damals. Trotzdem habe ich sie geliebt.

Ich weiß nicht, was sie uns vorwirft.

Der Mann nickte. Sie hatte es gut bei uns. Er sah den Hund an, als er sagte: Mich hat mein Vater einmal mit der Mistgabel auf den Kopf geschlagen. Ich weiß nicht mehr, was ich angestellt hatte. Das habe ich ihm doch auch nie vorgeworfen. Er war doch mein Vater. Und so schlimm war es doch nicht. Sowas kam eben vor.

Wir waren viel zu gut zu ihr, sagte die Frau. Sie hatte alle Freiheiten. Wenn sie von der Schule nach Hause kam, ist sie zur Schaukel hinten im Garten gerannt, wo ich sie vom Küchenfenster aus nicht sehen konnte. Sie hat stundenlang geschaukelt und dabei gesungen, das hat mir Ludwig Eckert erzählt. Wenn er im Garten arbeitete, konnte er sie durch die Hecke singen hören. Ich bin nicht dorthin gegangen und habe sie dort weggeholt, sie durfte stundenlang schaukeln und singen, manchmal kam sie erst nachmittags zum Essen hoch. Sie hatte alle Freiheiten. Der Mann nickte. Er pulte im Ohr des Hundes herum. Er hat wieder Milben, sagte er. Die Frau reagierte nicht. Wir haben unseren Eltern nichts vorgeworfen. Wir haben unsere Eltern geliebt. Der Hund fing plötzlich an zu husten, er röchelte und würgte, als wollte er etwas ausspucken. Der Mann und die Frau sahen ihn an, sie schwiegen und warteten ab. Der Hund sah verlegen aus, als er wieder normal atmen konnte. Sie könnte dankbarer sein, sagte der Mann. Die paar Mal, die wir sie geschlagen haben. Wir haben sie nie an den Kopf geschlagen, sagte die Frau. Davon wird man dumm, sagte meine Mutter immer. Die Neonröhre flackerte wieder. Du musst wirklich die Röhre auswechseln, sagte die Frau. Sie nahm noch ein paar Bücher aus der Kiste, klappte sie auf, schaute sich die Bindung an. Ab und zu zog sie die Nase hoch. Sie ließ ihre Finger über den Schnitt laufen. Dass die Leute immer ihren Kaffee über die Seiten schütten müssen, murmelte sie. Wieviele mußt du denn noch kleben, fragte der Mann. Die Bücherei hat noch mehrere Kisten, sagte sie. Sie legte das Buch in ihrer Hand auf den Tisch, holte das Taschentuch aus ihrem Ärmel und schneuzte sich geräuschvoll. Plötzlich lachte sie. Als Herr Oberschmidt mir die Kiste ins Auto tragen wollte, ist der Boden durchgebrochen. Der Mann sah seine Frau an. Nimmt er noch sein Medikament, fragte er. Die Frau überlegte einen Augenblick, immer noch grinsend. Ich habe es ihm heute morgen in den Napf gebröselt, sagte sie. Sie schnitt zwei gleich große Stücke Folie zu. Die Schere glitt geräuschlos durch die Vorlage. Ruf sie doch noch einmal an, sagte er.

Sie ändert sich nicht, sagte die Frau. Ich habe ihr im letzten Brief geschrieben, dass unsere Tür ihr immer offen steht.

Der Mann nickte.

Vielleicht kommt sie ja mal zur Besinnung, sagte die Frau. Sie packte die Bücher in die Kiste zurück. Wir lieben sie schließlich, sie gehört zu uns.

Sie schob den Karton mit dem Fuß gegen die Heizung.

Der Mann holte das Kleingeld aus seiner Hosentasche, stapelte es auf dem nun freien Tisch, sortierte es nach Größe. Die Frau sah ihm zu, sie knetete ihre Hände, cremte sie dann ein, aus einer Tube, die auf der Fensterbank stand. Der Mann schubste den Stapel Münzen um, die Geldstücke fielen klirrend auf den Tisch. Die Frau zuckte zusammen. Vielleicht begreift sie es irgendwann, sagte sie. Der Mann nickte, er schob die Münzen in seine Hosentasche zurück und klopfte ein paar Mal auf den Stoff, dann stand er schwerfällig auf, nahm den Brief vom Tisch und legte ihn zu ein paar anderen in ein Küchenregal. Ich gehe mit dem Hund raus, sagte er. Ja, sagte die Frau. Schließ nachher die Haustür ab, und die Garagentür. Ja, sagte der Mann. Er zog einen Schlüssel vom Haken neben dem Kühlschrank. Der Hund folgte ihm schwer atmend in den Flur. In der Tür drehte der Mann sich noch einmal um.

Manchmal habe ich mir als Kind gewünscht, nicht da zu sein, sagte er, weg zu sein. Er sah auf den Küchenfussboden.

Ja, sagte die Frau, ja, vielleicht. Sie war aufgestanden und sah sich suchend in der Küche um. Ja, wiederholte sie.

Der Wohnwagen

Horst Leiwig

Aus der Stadt herauszukommen war nicht das Problem. Wenn der Wagen mitmachte und der Besitzer den Tank hoffentlich gerade aufgefüllt hatte, konnten sie es ganz schön weit schaffen. Vielleicht sogar bis oben an die Küste, denn dort waren Wind und Fisch, Schafe und auch Deiche. So wie er es immer gehört hatte. Gewesen war er da noch nie.

Obwohl er keinen Führerschein besaß, fuhr er ziemlich sicher. Praktisch und theoretisch machte er alles richtig, vom Stoppzeichen bis zur Geschwindigkeitsbegrenzung. Er fuhr über die Tangente parallel zur Bundestraße, und als die Stadt sich aufsplitterte und aufhörte, benutzte er die nördliche Ausfahrt und kam so wie von selbst auf die Bundesstraße. Lichtzeichenanlagen gab es nun nicht mehr, nur in etwas größeren Abständen die Peitschenmasten der Laternen.

Der Motor tuckerte gleichmäßig und Kevin rauchte. Silvie malmte ihren ständigen Kaugummi, wobei aus ihrem Mundwinkel gelegentlich ein feuchter Schmatzton zu hören war. Sie schaute angestrengt nach vorne durch die Windschutzscheibe auf die sich abspulende graue Straße, und ihre rot-grell gefärbten Lippen schlossen sich im Rhythmus von Bäumen und Laternen, die seitlich an ihnen vorbeihuschten.

Eigentlich flohen sie, nicht Silvie, aber Kevin. Nachdem sie ihm bei Gericht alle Straftaten wie Ladendiebstähle, Autoaufbrüche, Einstieg in Gartenhäuser und dergleichen aufgerechnet hatten, eine Bewährung nicht mehr gegeben werden konnte, blieb letztlich nur die Verurteilung zu einer Haftstrafe, und die kam auch prompt. Die Meldung zum Strafantritt würde schriftlich erfolgen, ließ man ihn wissen, aber da hatte Kevin schon ganz andere Pläne. So einfach sollten sie ihn nicht kriegen, die ganze Brut von Etablierten, Klugscheißern und Plutokraten. Redeten geschwollen daher und ahnten nicht: Wenn man einmal mit dem Finger im Hals geboren wird, kann man das Würgen schlichtweg kaum unterlassen.

Kevin war kurz über zwanzig Jahre alt, mittelgroß und mittelblond. Er war mittelgebildet und hatte den Primärschulabschluss gerade so mit Hängen und Würgen geschafft. Als er aufgrund seiner schlechten Zeugnisnoten keine Lehrstelle bekam, beschloss er, das Arbeiten erst gar nicht anzufangen. Sein Vater, der sich ständig im Sportlerheim die Birne volltankte, kümmerte sich kaum um seinen Sohn, den er für dumm und missraten hielt. Von der Mutter hatte Kevin ebenfalls keine Unterstützung, da sie den ganzen Tag vor dem Fernseher hockte. Sogar die Reklame schaute sie wie einen spannenden Film an. Kurz: Kevin lebte auf der Straße und vom Staat.

„Geil, Schnecke", sagte Kevin plötzlich. „Nicht?"

„Das kannste wohl sagen, Alter", antwortete Silvie mit leicht krächzender Stimme.

Kevin schmiss den Zigarettenstummel aus dem Fenster und schaute kurz zu ihr hinüber.

„Hätte ich nicht gedacht, dass wir Beiden mal auf Tour gehen", sagte er. „Finde ich toll, dass du so spontan mitmachst, Schnecke."

„Finde ich auch", antwortete Silvie gelangweilt mit ihrer ölig-krächzenden Stimme.

Sie stützte ihre Knie am Handschuhfach ab, denn sie hatte sich ein wenig eingerollt und klein gemacht. Und so klein wie sie sich jetzt machte, so eng bemessen war auch ihre schwarze Bekleidung. Über der schwarzen Strumpfhose spannte sich ein dunkelgraues Röckchen von solcher Knappheit, dass es gerade mal die Sünde bedeckte. An den Füßen trug sie derbe, feste hohe Schuhe mit Profilsohlen, mit denen man glatt auf die Berge hätte steigen können. Sie war hellblond, satt geschminkt und ohne Schminke sicherlich ein Mauerblümchen. Ihre Nase war klein und spitz und der Mund bei fleischigen Lippen etwas zu breit. Da sie ständig kaute, musste man schon genau hinschauen, um das zu fixieren. Ihr Lebensziel stand nach der Pubertät sofort fest, denn sie wusste, dass sie Kinder kriegen würde und wollte, und deshalb brauchte sie erst gar nicht das Arbeiten anzufangen. Ihre Eltern hatten sich vor Jahren getrennt, wobei sie bei der Mutter blieb, die einen Lover hatte. Das Wort „Lover" sprach sie gerne mit Genuss aus, als würde sie gerade einen süßen, köstlichen Pudding vom Löffel abnehmen. Ihr erster Freund hatte ihr den Rock über den Kopf gezogen, als sie vierzehn war.

Draußen änderte sich das Profil der Landschaft ständig. Auf Anhöhen und Täler folgten Flusslandschaften, die sich breit an den Horizont lehnten. Da es bereits tiefer Herbst war, hatten die Bäume ihr Laub abgeworfen und nur die Stieleichen raschelten mit ihren hängengebliebenen Kastagnetten. Frost kündigte sich an, aber noch kein Schnee. Die Wolken schichteten sich zu Bergen und ließen ab und zu die gleißende Sonne durch.

„Hör mal, Alter", fiel ihr auf einmal ein. „Wohin fahren wir eigentlich?"

„Nach Norden", antwortete Kevin augenblicklich und ohne zu Zögern. Er hatte den Blick starr nach vorne gerichtet.

„Wieso nach Norden?", kam es fast nölend über ihre Lippen. „Da ist doch nichts, außer Küste. Wäre es nicht besser, wir würden die Hauptstadt anfahren? Dort soll immer Party sein."

Kevin schaute zu ihr hinüber.

„Viel zu gefährlich", sagte er. „Ich habe dir doch gesagt, warum ich weg muss. Meinst du, ich will mich in der Hauptstadt schnappen lassen? Nee, ohne mich. Der Norden ist ruhig, einsam. Da fällt man nicht auf. Und wenn wir erst da sind, suche ich mir einen Job, damit wir etwas Geld in den Fingern haben."

Silvie schüttelte den Kopf.

„Glaube ich nicht", sagte sie, „dass du da oben einen Job bekommst. Soviel wie ich gehört habe, fahren die Arbeiter ins Ruhrgebiet runter. Weil es nämlich an der Küste keine Arbeit gibt. Die paar Fischkutter und was darauf zu tun ist, machen die Fischer ganz alleine."

„Wenn man Arbeit sucht, findet man immer etwas."

„Fische putzen vielleicht?"

„Egal was. Ich bin mir für keine Arbeit zu schade."

„Na gut, schauen wir mal."

Sie hatten gerade einen sanften Bergrücken hinter sich gelassen und befanden sich kurz vor den Mäandern jenes Flusses, der aus südlicher Richtung kommend später auf direktem Weg in den Norden driftet. Der Wagen, ruhig laufend, verschluckte sich auf einmal. Dann wieder. Plötzlich blubberte er fürchterlich, heulte auf, um schließlich wie ein nicht eingerittenes Pferd zu bocken.

„Verdammt", fluchte Kevin.

„Was ist?"

Kevin schlug mit beiden Händen auf das Lenkrad.

„Sprit ist alle."

„Auch das noch." Silvie nahm die Knie vom Handschuhfach und lehnte sich in den Sitz zurück. „Und was nun?"

Kevin lenkte das Auto an den Straßenrand, und als er sah, dass ein kleiner Feldweg abzweigte und das Fahrzeug auch noch genügend Schwung besaß, nahm er den Weg und kam hinter Büschen und kleinen Bäumen zum Stehen. Er zog die Handbremse und schaltete den Motor ab.

„Wir müssen die Karre hier stehen lassen", sagte er. Er versuchte noch einmal, die Zündung einzuschalten, aber es gab nur ein Schnarren des Anlassers. „Hörst du, nichts?"

„Und wie soll es nun weitergehen?", fragte sie.

„Zu Fuß. Wir müssen erst mal schauen, wo wir überhaupt sind."

„Zu Fuß? Es wird gleich dunkel. Und lausig kalt ist es außerdem noch."

Kevin starrte nach draußen, aber so richtig fiel ihm auch nicht ein, was nun zu tun sei.

Die ersten Lichter in der Umgebung wurden eingeschaltet, wahrscheinlich Straßenlaternen.

„Schnecke", sagte Kevin. „Im Auto können wir nicht bleiben. Früher oder später wird es gefunden. Wir müssen losgehen und uns nach einer Bleibe für die Nacht umsehen. Morgen früh sehen wir dann weiter, wie wir nach Norden kommen. Oder der Zufall will, dass eine Karre am Weg steht, damit ich sie knacken kann."

„Hast du denn dein Werkzeug dabei?"

„Ich brauche nur meine Drahtschlinge, und die habe ich in der Hosentasche."

Silvie schaute sich um, als sie das Fahrzeug verlassen hatten. „Sehr belebt scheint die Gegend hier aber nicht zu sein", sagte sie.

„Lass uns gehen", sagte Kevin. „Je eher, umso besser."

Da sie kein Gepäck dabei hatten, nur die Sachen, die sie auf dem Leib trugen, ihr Eigen nannten, kamen sie schnell voran. Im Zwielicht waren Pappeln zu erkennen, Felder, dahinter dunkle Waldstreifen. Die schmale gepflasterte Straße, auf der sie gingen, war sicherlich ein Wirtschaftsweg. Kühle, feuchte Luft wogte um sie herum, setzte sich klamm auf ihre Kleidung. Silvie fröstelte, obwohl sie vor Anstrengung beinahe schwitzte. Die Nacht wurde tiefer, und dann sah Kevin plötzlich etwas Helles.

„Da vorne scheint ein Campingplatz zu sein", flüsterte Kevin, als müsste er sich vor Zuhörern schützen. „Wir müssen näher rangehen, damit wir feststellen können, ob die noch bewohnt sind."

„Wieso die? Sind das Wohnwagen? Oder auch Zelte?"

„Allem Anschein nach nur Wohnwagen", sagte Kevin. „Und jetzt macht natürlich auch kein Arsch Campingferien."

Sie lauschten angestrengt in die Dunkelheit, als sie da vor dem Platz an der Ecke kauerten, und als Kevin meinte, da sei niemand, schlichen sie vorsichtig voran. Auf dem Gelände herrschte Totenstille. Von weit her auf einer Landstraße waren Autogeräusche zu hören, die kamen und abebbten.

„Die Campinganlage scheint in einem großen Flussbogen angelegt zu sein", sagte Kevin so leise wie möglich. „Siehst du", er zeigte mit der Hand vor sich hin, „das da ist der Fluss und sein Bogen. Nebel steigt auf."

„Ich kann nichts erkennen", erwiderte Silvie. „Und außerdem bin ich nachtblind."

Kevin trat einen Schritt zur Seite und inspizierte einen geräumigen Wohnwagen, der in seiner Parzelle abgestellt stand und von einer niedrigen Buchsbaumhecke umgeben war.

„Warte einen Augenblick, Schnecke", sagte Kevin.

Sie hörte in der Dunkelheit ein schabendes Geräusch, kaum vernehmbar und so, als gehöre es zur Nacht. Und dann ein leises Knacken. Auf einmal spürte sie, wie Kevin neben ihr stand und sie an die Hand fasste. „Komm", sagte er. „Die Tür ist offen."

Im Wohnwagen war es kalt. Es roch ein wenig muffig, so als hätten ältere Menschen mit einem etwas älteren Geruch hier gelebt. Die Fenster waren mit einer Silbermatte verhängt, trotzdem machten die beiden kein Licht, obwohl Kevin in einer Schublade einen Kerzenstummel gefunden hatte. In einer Lade unterhalb der Sitzbank befanden sich Decken, die sie auf die ausgezogene Sitzbank breiteten, bevor sie sich übermüdet hinlegten.

„Mir ist kalt", sagte Silvie schon nach wenigen Augenblicken. „Hat so ein komfortabler Wohnwagen nicht auch eine Heizung?"

„Silvie, Schnecke!"

„Kannst du denn nicht wenigstens mal nachschauen?", sagte sie und blieb hartnäckig.

Er kroch unter der Decke hervor und tastete sich voran. „Verflucht!"

Ein Augenblick der Dunkelheit und Stille.

„Eigentlich haben die Heizung", ließ sich Kevin vernehmen. „Und wenn noch Saft in der Gasflasche ist ..."

Er schaltete an Hebeln und Knöpfen, und dann erleuchtete der schwache Schein seines Feuerzeuges die einsame Hütte. Wieder klickte es, dem ein leichtes Summen folgte.

„So", sagte Kevin. „Die Heizung läuft."

„Au fein", ließ sich Silvie vernehmen. „Was du nicht alles hinkriegst."

Er legte sich zu ihr, ganz nah, und sie spürte ihn.

„Ich habe schon ganz andere Sachen hingekriegt", sagte Kevin. „Das kannst du mir glauben."

Silvie antwortete ihm nicht und merkte, wie er sich an sie drängte. Er war an ihrem Rücken und streichelte ihr Ohr, bevor er sie zu küssen begann. Die Heizung summte fast lautlos, und das Innere füllte sich mit Wärme und dankbarem Wohlgefühl. Kevins Lippen fanden die ihren, als sie sich ihm zuwandte.

„Wird alles gut werden?", fragte sie.

„Bei mir wird immer alles gut", sagte Kevin. „Haben wir

nicht ein wundervolles Dach über dem Kopf? Also, was soll's?"

Er zog sie an sich und löste ihren Rockbund. Ohne Hektik, gleichsam wie ein eingespieltes Team, tat jeder was er tun wollte und musste. Ihre Haut war glatt und weich, und als seine Hand an ihrer Seite entlang glitt und auf der Mitte ihres Bauches angelangt war, streichelte sie zärtlich die abwärts sinkenden Finger. Ein Schauer erfasste seinen Körper, und sie zog ihn, so dicht sie nur konnte, an sich heran. Mit beiden Armen umschlang sie seinen Oberkörper und ließ ihre Fingerkuppen vom Atlas bis zur Mitte der Wirbelsäule abwärts fahren. Kevin gluckste.

„Mensch, tut das gut", sagte er.

Silvie schwieg.

„Tut das gut", wiederholte er, mehr zu sich selbst.

Silvie spielte mit ihren Fingerkuppen auf der Tastatur seines Rückens.

„Tut dir das auch so gut?", fragte er sinnlich und zweifelnd.

„Natürlich", fauchte in ihr ein leichter Unterton. „Würde ich es sonst etwa machen?"

Er überhörte ihren Unwillen, war dicht bei ihr und nahm ihr Ohrläppchen zwischen seine Lippen.

„Ist es so, wie ich es mache, in Ordnung?", fragte Kevin voller Hingabe.

„Beweg dich so, dass es richtig ist", ließ sie ihn wissen.

Diese Minuten, die eine Ewigkeit hätten sein können und vielleicht auch wollen, machten das Paar Kevin und Silvie zu einer unverbrüchlichen Einheit. Fast gleichzeitig, als die Minuten vorbei waren, schliefen sie ermattet und glücklich ein, ihre Körper aneinandergelehnt und tief und gleichmäßig atmend. Selbst im Schlaf kaute Silvie noch ihren Kaugummi, obwohl sie den an das Holz gepappt hatte.

Die Nacht war still und dunkel. Es wurde immer leiser, und nur die Krankenschwestern und Polizisten bewegten sich in den schwarzen Stunden, fernab vom großen Flussbogen.

Eine gewaltige Stichflamme schoss kurz nach Mitternacht vor dem großen Knall in den Nachthimmel und erhellte den gesamten Campingplatz. Flammen prasselten los und setzten den Wohnwagen in ein tödliches Inferno. Bevor überhaupt jemand Alarm geben konnte, hatte das Feuer den Wohnwagen verkohlt und allen Stahl glühend verbogen. Vier angrenzende Wohnwagen wurden ebenfalls ein Opfer der Flammen, zwei Gasflaschen explodierten noch, die anderen hatten ihre Besitzer zur Winterruhe vorsorglich ausgebaut.

Am nächsten Morgen erschien die Kriminalpolizei am noch rauchenden Unglücksort. Keiner der Beamten ahnte, was für eine Menge Arbeit auf sie zukommen würde. Man grüßte mit heiterer Gelassenheit, schaute routiniert und geschäftsmäßig umher, bis ...

Aber das ist die Arbeit der Polizei und nicht mehr Kevins und Silvies Geschichte.

Geblieben ist Verbitterung

Beatrix Petrikowski

Nach einem viel zu kalten und verregneten Frühling lockte die Sonne endlich die Menschen ins Freie. So genossen auch Jennifer und ihre Freundin Nicola das herrliche Wetter und verabredeten sich mit ihren Kindern zu einem Spaziergang an der Mosel. Laura und Celina hatten sich im Kindergarten kennengelernt und waren seitdem unzertrennlich.

„Komm, lass uns mit den Kindern auf den Spielplatz gehen. Dann können sie sich mal so richtig austoben", schlug Nicola vor.

Ihre Tochter Celina schnappte den Vorschlag sofort dankend auf und schrie Laura zu: „Los, wir dürfen auf den Spielplatz!" Schon rannten die beiden los und stürmten auf die Schaukeln zu, während die Frauen ihnen gemächlich folgten und auf einer Bank Platz nahmen.

„Das wurde aber auch Zeit, dass es endlich mal trocken ist und wärmer wird. Das Wetter der letzten Wochen ist mir richtig aufs Gemüt geschlagen", meinte Nicola.

„Wem sagst du das", seufzte Jennifer, „ich will hoffen, dass es jetzt so bleibt und dass wir einen richtig schönen Sommer bekommen."

„Fahrt ihr weg?", wollte Nicola wissen. „Wir haben nämlich mit unserer Kurzen einen Flugurlaub gebucht und sie freut sich schon riesig auf das große Flugzeug, von dem ich ihr erzählt habe."

„Ja, wir wollen noch einmal in eine Ferienanlage auf Menorca. Laura kennt die Anlage, die einen wundervollen Dünenstrand hat und für einen Urlaub mit Kindern einfach ideal ist, schon vom letzten Jahr. Wir nutzen zum letzten Mal die günstigere Zeit außerhalb der Ferien. Denn wenn im nächsten Jahr die Schule losgeht und man nur noch in der Saison verreisen kann, werden wir uns das, solange ich nichts dazuverdiene, nicht mehr leisten können."

Nicola blickte Jennifer erstaunt an: „Fahrt ihr denn nicht im

Sommer, wenn der Kindergarten für drei Wochen geschlossen hat?"

„Nein, wir fahren erst nach den Schulferien, in der Nachsaison."

„Und wie regelt ihr das mit Laura?", wunderte sich Nicola. „Ihr habt bestimmt Eltern, die in der Zeit die Kinderbetreuung übernehmen, oder? Dann geht es euch besser als uns, denn meine Eltern sind schon lange tot und die Schwiegereltern schaffen das gesundheitlich nicht mehr."

„Nein, nein, besser geht es uns auch nicht. Mein Mann und ich nehmen uns jeder abwechselnd für eine Woche Urlaub und in der Zeit bleibt jeweils einer bei der Kleinen zu Hause. Für die dritte Ferienwoche kann ich Laura zu meiner Schwester geben. Das ist zwar nicht die Ideallösung, aber obwohl meine Eltern im Gegensatz zu deinen noch leben, habe ich zu ihnen keinen Kontakt mehr", gestand Jennifer.

„Guck mal, Mama, wie hoch ich schaukeln kann!", rief Celina.

„Ja, das machst du prima", wurde sie von Mama gelobt.

„Gleich gehen wir noch auf das Klettergerüst und die Seilbahn. Aber ihr braucht uns nicht mehr auf den Sitz zu helfen und hochzuziehen, das schaffen wir schon alleine!", ergänzte Laura ganz stolz.

Nicola nahm den Gesprächsfaden wieder auf: „Warum habt ihr keinen Kontakt mehr? Ich wäre froh, wenn meine Eltern noch lebten. Die würden sicher ganz stolz auf ihre Enkeltochter sein und würden mich entlasten."

„Ach weißt du, das ist eine lange Geschichte", antwortete Jennifer. „Ich musste mich deshalb sogar einer Therapie unterziehen und habe bisher noch mit niemandem darüber gesprochen."

Nicola erwiderte mitfühlend: „Du musst es mir nicht erzählen, wenn es dich zu sehr belastet. Es geht mich ja eigentlich auch gar nichts an."

„Ist schon in Ordnung", räumte Jennifer ein. „Vielleicht tut es mir auch mal gut, wenn ich mit jemandem darüber rede."

Sie warf einen Blick auf ihre Armbanduhr und stellte erschrocken fest: „Ach, ich habe gar nicht bemerkt, wie schnell die Zeit vergangen ist. Mein Mann muss heute Abend nach Dienstschluss noch zu einer Vorstandssitzung, und wenn er zwischendurch kurz nach Hause kommt und sich umzieht, hat er es gerne, wenn ich dann auch da bin. Nach der Sitzung wird es meistens spät und wir würden uns sonst gar nicht mehr sehen. Tut mir leid, unser Gespräch über meine Eltern müssen wir wohl erst einmal verschieben."

Nicola hatte dafür volles Verständnis und war sofort damit einverstanden, dass sie sich auf den Rückweg machten. Lediglich die beiden Mädchen murrten. So dauerte es auch nicht lange, bis eine von ihnen einen Einfall hatte: „Kann denn nicht Celina heute mal bei uns schlafen?", fragte Laura und fixierte dabei sehnsüchtig ihre Mutter.

„Ja, wenn Celinas Mama das erlaubt, dann kann sie das meinetwegen gerne tun. Und vor allem muss Celina das selbst auch wollen."

„Ja, ja!", rief die sofort freudestrahlend, „ich will bei Laura schlafen. Mama, darf ich?", bettelte nunmehr Celina.

Ein Lächeln ihrer Mutter deutete sie sofort als Zustimmung und Jennifer fügte zu Nicola gewandt hinzu: „Wenn du Celina am Abend vorbei bringst und Lust hast, kannst du gerne ein Stündchen bleiben. Wie ich schon sagte, bin ich sowieso alleine."

„Das passt prima. Mein Mann ist nämlich wieder eine ganze Woche auf einem Lehrgang und ich bin froh, wenn ich abends eine Abwechslung habe. Wir telefonieren zwar immer, nachdem er mit seinen Kollegen zu Abend gegessen hat, aber danach fällt mir die Decke auf den Kopf. Celina bringe ich spätestens um acht Uhr ins Bett und alleine lassen mag ich sie nicht. Meistens beschäftige ich mich mit Dingen, für die sonst keine Zeit ist und die liegen geblieben sind. Passt es dir, wenn wir nachher so gegen sieben bei euch sind? Dann kann ich meinen kleinen Schmutzfink vorher noch in die Wanne stecken und schnell das Nötigste für sie einpacken. Ich bringe auch ihren Schlafsack mit, so dass du nicht extra ein Bett beziehen musst."

„Das wäre zwar nicht nötig, aber gut, so machen wir das. Kommt um sieben, dann bin ich auch so weit."

Den Kindern offenbarte Jennifer: „Ihr habt gewonnen! Celina darf heute bei uns schlafen, aber nur, wenn es kein Theater gibt, hört ihr! Dann wollen wir uns jetzt mal etwas beeilen und zusehen, dass wir schnell nach Hause kommen."

Das ließen sich die beiden Mädchen nicht zweimal sagen und konnten den Abend, der jede Menge Aufregung und Spannung versprach, schon gar nicht mehr abwarten.

Pünktlich standen Nicola und Celina vor der Haustür und Laura nahm sofort ihre Freundin bei der Hand, um mit ihr in ihrem Zimmer zu verschwinden. Jennifer bat Nicola in den zum Wohnzimmer angrenzenden Wintergarten, der einen Blick auf die ersten Sommerblumen in diesem Jahr freigab.

„Was darf ich dir anbieten?", fragte Jennifer. „Magst du auch einen Wein?"

„Ja gerne", gab Nicola zurück und nahm in einem der bequemen Korbstühle Platz.

Jennifer öffnete eine Flasche Rotwein, holte zwei Gläser, schenkte ein und reichte ein Glas Nicola: „Auf einen schönen Abend und darauf, dass sich unsere beiden Trabanten weiterhin so gut verstehen!"

Nachdem Nicola den schönen Garten ausgiebig bewundert hatte und die Frauen sich zunächst über die Erziehung ihrer Kinder austauschen konnten, kam Jennifer auf das bereits auf dem Spielplatz angeschnittene Thema zu sprechen: „Du wolltest von mir wissen, wieso ich zu meinen Eltern keinen Kontakt mehr habe. Ich will versuchen, dir das zu erklären: Es fing alles damit an, dass meine Eltern hier in Trittenheim Bekannte hatten. Ich glaube, es waren frühere Nachbarn von uns, die hierher gezogen sind. Ist ja auch egal. Auf jeden Fall besuchten meine Eltern die immer häufiger, weil ihnen die Gegend und die schönen kleinen verschlafenen Dörfer hier so gut gefallen haben. Mit den Großstädten im Ruhrgebiet, wo ich die ersten Jahre aufgewachsen bin, ist das nicht zu vergleichen. Meine Eltern kamen im Herbst zu den Weinfesten hierher und zogen abends durch die gemütlichen Straußwirtschaften, die sie auch in der Form gar nicht kannten. Dazu kam, dass die Grundstückspreise damals extrem niedrig waren, zumindest, wenn man etwas abseits, also nicht direkt in den bekannten Weinanbauorten, ein Grundstück gekauft hat, wozu sie sich dann auch entschlossen haben. Allerdings rechneten meine Eltern nicht damit, dass mein Vater hier in der Gegend keine Arbeit finden würde. Er war in Bochum bei Opel beschäftigt, wo er schon seine Ausbildung gemacht hat und als Werkzeugmacher, soweit ich das beurteilen kann, musste er gut verdient haben. Das Haus war fertig und meine Mutter zog mit meinem Bruder und mir hierher. Doch mein Vater musste weiterhin in Bochum bleiben und konnte nur am Wochenende zu uns nach Hause. Er bewohnte lediglich ein kleines, ganz einfaches Zimmer in der Nähe von seinem Arbeitsplatz. Ohne Dusche, denn die hatte er ja im Werk, und anstelle einer Küche hatte er nur eine Kochplatte, um sich morgens notdürftig eine Tasse Kaffee machen zu können."

Nicola hörte aufmerksam zu, und nach einer kleinen Pause, in der sie kurz an ihrem Weinglas nippte, führte Jennifer weiter aus: „Die Abende waren für ihn in dem beengten Zimmer langweilig, er hatte keine Unterhaltung, keine Abwechslung. Ihm fehlte seine Familie. So suchte er Trost im Alkohol, der aus ihm einen völlig anderen Menschen machte. Einmal daran gewöhnt, wollte er auch am Wochenende, wenn er nach Hause kam, nicht darauf verzichten. Er beneidete uns, weil wir in dem schönen neuen Haus wohnen durften, so dass er uns im Alkoholrausch zunehmend tyrannisiert hat. Wir haben unseren Vater nicht mehr wiedererkannt. Wir kannten ihn als einen fürsorglichen Menschen und nun war er nur noch jähzornig, missgelaunt und aggressiv. Meine Mutter hat er geschlagen und wir Kinder haben das alles mit ansehen müssen. Um Ruhe vor ihm zu haben, baten mein Bruder und ich unsere Mutter wiederholt, sich von ihm zu trennen. Schließlich hatte Mutter schon Angst und zitterte, wenn das Wochenende kam und er sie wieder schlagen würde. An einem Wochenende war es so schlimm, dass sie sogar ins Krankenhaus zur Notaufnahme musste. Doch auch sie hat sich verändert und anscheinend in ihr Schicksal gefügt. Sie blieb weiterhin bei ihrem Mann und hat somit auch nicht verhindert, dass er uns das Leben zur Hölle gemacht hat. Er legte uns sämtliche Steine in den Weg, die er nur finden konnte. Wir durften die Schule nicht länger als nötig besuchen und er zwang uns sogar zu einer Ausbildung, obwohl wir beste Schulnoten aufwiesen und gerne noch eine weiterführende Schule besucht hätten."

„Entschuldige, dass ich dich unterbreche. Aber ich kann es fast nicht glauben, dass es so etwas gibt. Alle Eltern wollen doch normalerweise nur das Beste für ihre Kinder und sind froh, wenn sie in der Schule Erfolg haben", warf Nicola ein.

„Eigentlich ja, so sollte es sein. Aber unser Vater muss uns wohl zunehmend gehasst haben. Mein Bruder ist jedenfalls sofort mit achtzehn zu seiner Freundin gezogen. Obwohl die noch bei ihren Eltern wohnte, konnte er dort mit ihr ein Zimmer beziehen. Ich selbst habe mich in eine Beziehung gestürzt, weil ich dachte, alles ist besser als zu Hause zu bleiben. Für meinen Bruder und mich steht heute fest, dass wir unseren Vater nie wiedersehen wollen. Er hat uns so viele Chancen genommen und ich bin zwei Jahre bei einem Therapeuten in Behandlung gewesen. Was Mutter anbelangt, so können wir ihr einfach den Vorwurf nicht ersparen, dass sie nur zugesehen und uns nicht vor ihm beschützt hat."

„Und glaubst du daran, dass ihr euch noch einmal die Hand zur Versöhnung reichen werdet?"

„Ach Nicola", gab Jennifer traurig zurück, „es ist so viel Verbitterung geblieben und ich bin, ehrlich gesagt, froh, dass das leidige Thema Vergangenheit ist. Eine Geste der Versöhnung müsste, wenn überhaupt, von Seiten meiner Eltern kommen. Ich kann nicht sagen, wie ich reagieren würde, ob ich eine Entschuldigung annehmen könnte. Es ist jetzt so, wie es ist. Und es hilft auch nicht, wenn ich mir vor Augen führe, wie anders alles hätte kommen können, wenn ... ja, wenn es das Wörtchen ‚wenn' nicht gäbe."

Jennifer fühlte, dass sie die Beschäftigung mit ihrer Vergangenheit doch sehr aufwühlte und die drückende Stimmung, die nun im Wintergarten förmlich zu spüren war, lastete auf beiden Frauen. Erst, nachdem Laura und Celina zu ihnen kamen und sich müde an ihre Mütter kuschelten, wurden sie in die Gegenwart zurückgeholt. Nicola trank ihren letzten Schluck Wein und hielt den Zeitpunkt für gekommen, sich von ihrer Tochter zu verabschieden.

Jennifer begleitete ihre Freundin zur Wohnungstür: „Ja, dass es in unserer Familie so etwas gibt, hätte ich nie für möglich gehalten. Ich kann nur hoffen, dass mein Mann und ich zu Laura immer ein gutes Verhältnis haben." Sie drückte Nicola zum Abschied: „Komm gut nach Hause!"

„Danke, ich melde mich morgen."

Das Futterhaus

Jürgen Zimmermann

„Wenn ihr mir nicht sofort die fünfzig Euro auf den Tisch legt, werde ich meinem Stiefbruder den Zigarettenstummel auf der Stirn ausdrücken ... nun macht schon, ich hab's eilig!" Die Eltern der fast Fünfzehnjährigen schauen kurz vom Boden auf, dann zieht der Vater den geforderten Schein aus der Jackentasche und wirft ihn laut ausatmend auf den Coachtisch. Die Tochter knüllt ihn in ihre Jeanshose, während sie den Rauch zur Decke hin ausbläst. Noch lässt sie aber nicht von ihrem einjährigen Halbbruder ab und fuchtelt weiter mit der Zigarette um seinen Kopf herum.

„Und jetzt auf den Balkon mit euch, ich hab keinen Bock, dass ihr mir noch mal die Bullen hinterherschickt!"

Schon beim Stichwort „Balkon" drehen sich die Erwachsenen langsam herum, als ob sie diesen Gang gewohnt sind, öffnen die Glastüre und lassen sich wehrlos auf dem kleinen Rechteck ausschließen. Aus dem Wohnzimmer sieht man ihren heißen Atem in die kalte Stadt aufsteigen.

Jetzt treffen sich ihre Augen, nachdem sie ganz ohne Absprache die Höhe der Brüstung vom Asphalt der Straße aus bemessen haben.

Die Frau weint und ihre Hände zittern, sie lässt sich wie eine Marionette in die Arme ihres Mannes fallen. Er öffnet die Jacke und legte den Stoff schützend um ihren Körper.

In dieser Position wollen sie ausharren, wie beim letzten Mal in den Herbstferien.

Es ist schon November, daran erinnert der leibliche Vater sich, als ihm das Futterhaus ins Blickfeld gerät. Aber Vögel kommen jetzt keine.

Als die Halbwüchsige die Balkontüre einen kleinen Spalt öffnet, sitzen die Eltern vor Kälte bibbernd dicht an die Scheibe gedrängt auf einem Holzblumenkasten, die Köpfe unter dem schlaff herunterhängenden Sonnenschirm schützend vergraben.

„Wenn ihr mir versprecht, vor der Familienhilfe die Schnauze zu halten, lasse ich euch wieder rein ... okay?"

„Wir sagen denen nie, was du mit uns machst, das weißt du ganz genau, sonst wärst du längst nicht mehr hier", seufzt die Stiefmutter.

Sie erhebt sich langsam synchron mit ihrem Mann und beide streben gebrochen der Wohnzimmerwärme entgegen.

„Wir wollen doch eine vollständige Familie bleiben", fügt sie leise hinzu.

Draußen bevölkert jetzt eine Spatzenfamilie das Futterhaus.

Schöne Grüße von Ihren Kindern

Peter Ettl

Der Sohn stand vor der verriegelten Kellertür. Er lehnte sich an die Flurmauer und versuchte zu begreifen. Freunde waren hier gewesen. Wein sah er vor sich, roten, schweren Wein. Worte waren da gewesen, Worte und Tanzen. Freunde sah der Sohn, Freunde, die schwarzes Bier tranken und roten Wein. Nebel von Zigaretten und Pfeifen und Rauch. So musste es gewesen sein. Zwischen Bier und Wein und Zigaretten war ihm die Sprache wiedergekommen, die Müdigkeit war fort gewesen, der Rausch verdrängt, die Worte waren aus dem Mund gesprungen, hatten sich mit den Schwaden des Rauches verwebt. Seine Tür war stets offengestanden. Offen für alle, die gekommen waren, um zu feiern. Weit mehr war da gewesen, als er mit Worten fassen konnte.

Der Sohn ging die Treppen hoch. Langsam ging er, Stufe für Stufe tastete er ab. „Da ist ja der Verbrecher!" Der Vater schrie es. „Aber ...", sagte der Sohn. „Von jetzt an werden andere Saiten aufgezogen", schrie der Vater am Küchentisch, das Bier vor ihm, die Wurst auf dem Weg zum Mund. „Hasch rauchen, saufen, bis in den Morgen feiern, die Arbeit schwänzen, das ist alles, was er kann, der Herr Sohn!" Der Sohn stand versteinert in der Küchentür, starrte auf die Familie. Die Mutter saß wie immer stumm da, den Kopf gesenkt, rot im Gesicht. Die Schwester schwieg wie immer. „Dir glaubt kein Mensch mehr. Du lügst, wenn Du nur den Mund aufmachst. Und deine Freundchen da, die brauchen sich gar nicht mehr sehen zu lassen in meinem Haus, verstehst Du! Ich werfe sie alle raus, alle, wie sie kommen, das kannst Du ihnen sagen!" So viele Worte um ein Thema in einem Satz. Der Sohn schwankte zwischen Lachen und Brüllen. Der Vater erhob sich und ging auf den Sohn zu. „Warst Du überhaupt in der Arbeit heute?" Ein Stück Brot hing ihm noch im Bart. Unwillkürlich musste der Sohn lachen. Jetzt war der Hass da. „Na klar war ich nicht arbeiten, ich gammle doch den ganzen Tag rum, eine Bank hab' ich überfallen und ein paar Menschen umgelegt ..."

Der Vater drehte sich zu Mutter und Schwester um, als suche er dort Bestätigung. „Frech wird er auch noch. Glaubst Du, wir lassen uns alles von Dir gefallen!" „Was denn", schrie der Sohn, „verdammt noch mal, was denn eigentlich?" Sein Mund stand offen, die Hände fingerten an der Kleidung. Wie klein er auf einmal war, wie schmal zwischen den Wänden. Der Vater war groß und hässlich war er, der Vater. „Ab heute kannst Du auf dem Dachboden schlafen, Dein Zimmer wird zugesperrt!" Der Sohn ging. Vorher drehte er sich aber noch zur Schwester hin. Die stocherte im Teller und hieß Hase. Der Sohn ging, langsam stieg er die Treppen zum Dachboden hoch. Leise schloss er die Tür, ganz leise, als könne beim Schlag etwas in ihm zusammenfallen. Das Bett, das Miniaturfenster, die Tapeten: alles vorbereitet, alles wie abgesprochen. Vor Jahren hatte er hier gehaust, als er noch zwölf, dreizehn Jahre gewesen war und die Eltern sein Zimmer innerhalb ihrer Wohnung wegrationalisiert hatten, damit die Küche mehr Möbel vertragen konnte.

Der Sohn stand vor dem geschlossenen Fenster des Kellerzimmers. ‚Der Riegel innen ist locker', dachte er. ‚Wenn ich mit dem Fuß dagegen drücke, könnte er aus der Mauer fallen.' Der Sohn ließ die Hände aus den Taschen fallen und schnupperte die Sterne an, die dem schwarzen Himmel über ihm Licht gaben. „But the stars refuse to answer", summte er. Und schon hatte er ein neues Lied im Kopf. Sein Fuß rutschte gegen den alten Holzrahmen, glitt ab und fuhr ins Glas. ‚Klirr' machte die Scheibe und fiel auf den Boden des Kellerzimmers. „Nein", sagte der Sohn. Groß wie Sterne waren die Augen des Vaters, der um die Hausecke bog.

Das Dachzimmer war heiß im Sommer. Das Dachzimmer war kalt im Winter, das Dachzimmer, das Dachzimmer, das Dachzimmer.

Einmal traute er sich, ein Mädchen aus dem Betrieb mitzunehmen. Sie sah hilflos aus, als sie auf einem der kalten, braunen Holzstühle saß, neben der Kerze, die das Licht war, neben dem Bett, das die Wärme war, neben der Gitarre, die Musik war. „Ich muss gehen", sagte das Mädchen. „Ich weiß", sagte der Junge. Dann schnupperte er gegen den Dachfirst, der sich gegen die einbrechenden Sterne stemmte, und nickte. „Hier kann man nicht bleiben", sagte er dann. Das Mädchen druckste herum. „Gehen wir doch woanders hin." „Mein Alter lässt mich nicht aus dem Haus." Das Mädchen schüttelte den Kopf. „Der kann Dir doch nicht verbieten ..." „Kann er", sagte der Junge. Das Mädchen versuchte ein Lächeln. „Weißt Du ..." Der Junge nickte. „Ich weiß!" Das Mädchen ging, vorsichtig, damit sie niemand sehe, niemand höre, ging sie die vielen Stufen abwärts, die endlos vielen Stufen.

Der Junge spielte ein Lied auf der Gitarre, aber eine Saite riss. Wütend warf er das Instrument in eine Ecke. „Kammerton A", sagte er, als die Saiten nachklangen. ,Brennholz', dachte er, ,Auf den Dielen ein Feuer anzünden!' Aber dann dachte er an die restlichen Saiten, an die zerberstenden Töne, den Knall der Oktaven. Es tat weh, die Zähne schmerzten ihm bei dem Gedanken, als hätte er auf Metall gebissen.

Es waren Freunde im Dachzimmer, wurden vom Vater abgemustert, für tauglich befunden und geduldet: „Aber nur für eine Stunde!" Nach exakt dieser Zeit wurde gegen den Fußboden geklopft. Die Freunde standen auf, schlugen dem Freund auf die Schultern. „Wird schon wieder werden, mach dir nichts daraus." oder: „In Deiner Haut möchte ich nicht stecken!" Einer schenkte ihm einen Recorder mit Batterien und zwei oder drei Kassetten. Ganz leise drehte er das Gerät, damit seine Eltern nichts davon hörten. Unter das Kopfkissen legte er es und seinen Kopf darauf. Nach einer Woche waren die Batterien leer.

Der Sohn freute sich, als er die Stufen hochstieg. Er war im Betrieb gelobt worden. Er hatte gute Noten in der Berufschule erhalten und mit einer 2 die Prüfung geschafft. Sein Chef schien zufrieden mit ihm zu sein. Heute hatte er ihn gefragt, warum er immer so bedrückt schaue. Er könnte viel erfolgreicher sein mit einem zufriedenen Gesicht. ‚Mit Deinem Gesicht hätte ich mich schon längst erschossen', hatte der Sohn gedacht. Er hielt das Zeugnis ein wenig verkrampft zwischen den Fingern. Er würde es stolz auf den Tisch legen, so ganz nebenbei zwischen die Brote und die Wurst und die Klänge bayerischer Blasmusik auf das Tischtuch.

„Hallo", sagte der Sohn und wollte sich setzen. „Da kommt ja das Schwein", rief der Vater. Der Sohn verstand nicht. „Was?" Er versuchte ein Lächeln. „Eines sag ich Dir, deinen Freunden, diesen Drecksäcken, schlag ich eins in die Fresse, wenn die nochmals hierherkommen!" Der Sohn trat nahe an den Vater heran, umfasste die Stuhllehne und beugt sich etwas vor, so dass er den breiten Rücken des Vaters fast berührte. Er begegnete den rötlichen Augen des Vaters. Wein, Weib und Gesang war schon immer seine Devise gewesen.

‚Dieses fette, besoffene Schwein', dachte der Sohn. „Ich weiß nicht, was Du jetzt schon wieder hast, geschmacklos warst Du ja schon immer, aber alles lasse ich mir auch nicht gefallen von Dir!" Der Sohn war stolz darauf, dass er hatte reden können. Normalerweise steckte ein Kloß in seinem Hals, wenn er mit seinem Vater stritt.

Die Dunkelheit war laut. Die Dunkelheit war schwarz. Die Dunkelheit roch nach schwarzem Wein. Der Junge wusste nicht, wie man sich umbringt. Er kannte drei, vier Todesarten vom Fernsehen her. Aber das Dachzimmer war zu niedrig, um sich aufzuhängen. Es gab kein elektrisches Licht, kein Gas, nicht mal an Rasierklingen kam er ran.

Aber sein Taschenmesser war da. Sein rostiges, kleines Taschenmesser. Er zündete eine Kerze an, klappte das Messer auf. In das Geräusch mischten sich die Schritte der Mutter. „Was machst Du da?" „Nichts", meinte er. „Putz mir die Fingernägel."

Der Sohn war ein richtiger Sohn, ein gefügiger Sohn, ein feiger Sohn. Er legte das Messer auf das Nachtkästchen. Die Mutter legte fünfzig Mark auf das Bett. „Hier, kauf Dir ein paar neue Schuhe, die alten riechen schon so komisch!" „Danke!" Er sah ihr nach, wie sie das Zimmer verließ. „Ja ja, danke", sagte er nochmals. „Danke." Und er klappte das Messer wieder auf, wog es in der Hand und schleuderte es dann durch den Raum. Es klatschte gegen die Tür und fiel schwer auf den Boden.

Der Junge saß in seinem einzigen Sessel und las, als über die Armlehne eine kleine, fingergroße Gestalt kletterte. Es war ein Mädchen. Er war nicht erstaunt, da es zwischen den süßlichen Dämpfen von Mr. Cannabis und Mrs. Peyotl aufgestiegen war.

„Warum bist Du nur so winzig klein?", fragte er. Das Mädchen senkte den Mini-Kopf: „Weil mich jeder verspottet, zu dem ich komme, auch Du!" Der Junge sah sie lange an. „Du kannst bei mir bleiben, ich herrsche über ein Reich von fast sechzehn Quadratmetern." Er nahm das kleine Wesen auf den Handteller seines rechten Armes. Es lächelte ihn lange an, bis es schließlich kleiner und kleiner wurde und verschwand.

„Du gemeines Schwein!" Der Sohn streckte seinen Arm nach dem kleinen Buch aus, das der Vater las. Aber die Worte kamen nicht aus seinem Mund, sie prallten von der Zunge ab und waren nur in seinem Hirn vernehmbar. Der Vater klappte das Buch zu. „Und so etwas habe ich aufgezogen", sagte er. Es war das Tagebuch des Sohnes. „Und so etwas ist mein Vater", rief der Junge. „Gib her!" Er nahm das Buch, während er sich abwandte und fühlte, dass es nie wieder etwas zu sagen gäbe, was wichtig ist. Hinter sich hörte er den Vater lachen. Es war ein kaputtes Lachen, so wie Glas zerscherbt oder wie wenn ein Grenzbaum sich für immer schließt.

Die Eltern waren wieder für ein paar Wochen an ihrem Haus am Meer und hatten eine Karte geschrieben. „Schreibt uns doch, wie es Euch so geht", stand darauf. Sie hatten die Karte an die Schwester adressiert. „Schreib Du!", sagte der Bruder. „Ich gehöre nicht mehr zur Familie!" „Du hast einen Vogel", erwiderte die Schwester, „sag mir lieber, was ich schreiben soll!" Der Bruder sah sie lange an, dann diktierte er.

In ihrem Haus hielten die Eltern eines Tages die Karte in der Hand. „Schöne Grüße von Ihren Kindern" stand darauf, „Das ist originell", meinte der Vater. „Also. ich weiß nicht so recht ...", sagte die Mutter.

Wellenberge, Wellentäler

Sabine LaBe

„Darf ich Sie ein Stück begleiten?"

Der Mann, der mich anspricht, ist in den besten Jahren und wirkt vornehm, seriös, saturiert.

Ich komme direkt von der Uni, habe dort gerade eine Klausur in den Sand gesetzt. Ab in den Englischen Garten, so denke ich mir, zuerst zum Monopterus, dann Richtung Norden bis zum Aumeister und zurück, eine Strecke von ungefähr 20 km. Seit Tagen bläst der warme Föhn von den Alpen über München bis weit hinaus in die Holledau. Schneeglöckchen blühen, Krokusse zeigen sich, und auch die Himmelsschlüsselchen spitzen schon heraus. Wäre ich nicht so furchtbar genervt, könnte ich glatt Frühlingsgefühle in Brust und Bauch entwickeln.

Heute ist der vierzehnte Februar, Valentinstag, eigentlich der Tag der Liebenden – Pah! Für mich ist es der Tag des Scheiterns und der Schande.

Ich mustere den älteren Herrn, der neben mir geht und auf eine Antwort von mir wartet. Er trägt eine grüne Lodenjacke mit alten Münzknöpfen, die silbrig matt blinken, und eine Stoffhose aus englischem Tuch. Einen karierten Schal aus Shetlandwolle, lässig um seinen Hals geschlungen, volles graumeliertes Haar. Er ist größer als ich, von der Statur eher breit und muskulös, hat braune Augen und ein markantes Kinn. Graue Schläfen. Er sieht gut aus. Was will er von mir?

Der Mann sieht meinen fragenden Blick. „An diesem zauberhaften Frühlingstag darf niemand allein durch den Englischen Garten spazieren gehen", erklärt er mir. „Darf ich Ihnen Gesellschaft leisten?"

„Ich bin in einer saumäßigen Stimmung, wollen Sie sich das antun?", warne ich ihn.

„Was ist passiert, warum blicken Sie so ernst, ja fast böse?", fragt er.

„Voll der Frust", antworte ich knapp. Der Mann fragt nicht nach und geht einfach weiter neben mir her.

„Ich gehe bis zum Aumeister", bemerke ich. Er blickt auf seine Uhr und nickt.

„Gehen wir zusammen? Ich laufe gern ein Stück. Wenn wir dort ankommen, ist es Kaffeezeit. Darf ich Sie zu Kaffee und Kuchen einladen?"

„Mal sehen."

Wir gehen schweigend. Die Vögel zwitschern so laut, dass es fast nervt.

„Ich heißt Achim", sagt er nach einer Weile.

„Lea", antworte ich. Es gefällt mir, dass ich nicht allein gehe, aber irgendwie auch nicht. Na ja, wenigstens redet er nicht viel.

„Schöner Name." Achim schaut mich von der Seite an.

„Nein, der ist nicht schön. Ich hasse meinen Namen", antworte ich und poltere: „Keine Flachmat-Konversation, sonst schieße ich Sie sofort auf den Mond."

„Worüber möchten Sie denn sprechen?", fragt er mich vorsichtig. Er hat eine angenehme Stimme.

„Über sexuelle Praktiken", antworte ich brummig, „über das Liebesspiel der Ameisen oder die sexuelle Not beim Mann in der Midlife-Crisis." Ich streiche mit einer übertrieben Geste über meine Haare und blicke ihn provozierend an.

Das war jetzt eine klassische Übersprungshandlung. Dass es Übersprungshandlungen, behaviour out of context, gibt, habe ich letztens in einer Vorlesung gehört. Überhaupt habe ich im Studium schon so einiges über mich erfahren – ich studiere Psychologie im 1. Semester. Eine Selbstanalyse habe ich auch schon gemacht: Ich bin neurotisch, vom Typ zwanghaft-hysterisch, eine angepasste Außenseiterin und leide unter Minderwertigkeitskomplexen. Aber Selbsterkenntnis hilft wenig, denn meine Gedanken nagen weiterhin an meinen Nerven, wie jetzt gerade: Wie soll ich meinen Eltern mein Versagen beibringen? Am besten erzähle ich ihnen nichts von der verhauenen Klausur. Oder doch? Sie einmal nicht schonen, sondern aussprechen, was sie nicht hören wollen: „Ich habe die wichtigste Klausur des Semesters versaut."

Vater würde sich schweigend abwenden, und Mutter wird die Stirn runzeln. „Versaut sagt man nicht", würde sie mich ermahnen. Darauf könnte ich antworten: „Doch, ich sage das so, und ich sage noch mehr: Ich lasse ab heute die Sau raus. Ich habe keinen Bock mehr auf dieses angepasstes Getue!"

„Denn es ist eh alles egal", murmele ich.

„Was haben Sie gesagt?", fragt Achim, mein treuer Begleiter.

Ich blicke ihn an. „Sind Sie versaut?", frage ich ihn.

„Klar bin ich versaut", lacht Achim, „alle Männer sind versaut, einer wie der andere, und jeder auf seine Art."

„Ich will Sexualtherapeutin werden", behaupte ich.

„Sie haben eine konkrete Berufsvorstellung? Wie kommen Sie junges Mädel denn auf den doch sehr speziellen und delikaten Bereich?"

Achim scheint verwundert und amüsiert zugleich zu sein. Er nimmt mich wohl nicht ernst? Recht hat er, wer soviel Blödsinn von sich gibt, kann nicht ernst genommen werden.

„Ist mir gerade so eingefallen", antworte ich ehrlich, grinse dann: „Versaute Männer retten, oder so."

Ich bleibe so abrupt vor ihm stehen, dass er fast über meine Füße stolpert. „Ich bin frustriert, underfucked und völlig im Arsch."

Achim öffnet den Mund und will etwas erwidern, doch bevor er sich zu meinem Frust-Outing äußern kann, komme ich ihm zuvor: „Warum haben Sie mich angesprochen?" frage ich ihn, „und warum sind Sie so geduldig mit mir?"

Er zieht seine Augenbrauen hoch, schmunzelt und blickt mich von oben bis unten an.

„Sie wollen eine ehrliche Antwort? Ich finde Sie attraktiv, ich stehe auf so junge Damen wie Sie."

„Haben Sie mich gerade mit Ihren Augen ausgezogen?", frage ich ihn.

Er nickt und lacht. „Retten Sie mich, heilen Sie mich."

„Sie gefallen mir ebenfalls", antworte ich und füge dreist hinzu: „Wollen wir ficken?" Das Wort ficken habe ich noch nie in den Mund genommen. Ich beobachte Achim neugierig und warte auf seine Reaktion.

Er ist sichtlich überrascht. „Na, jetzt haben Sie mich aber

gewaltig überrumpelt. Meinen Sie das ernst? Sie machen Späße mit mir, oder?"

„Denken Sie, was Sie wollen, das Angebot steht."

Achim zögert. Er taxiert mich jetzt genau. „Wie alt sind Sie eigentlich?"

„Denken Sie an das Jugendschutzgesetz? Ich schmeiß mich weg – bekommen Sie jetzt Muffensausen?", lache ich.

Die vulgäre Rolle, in die ich geschlüpft bin, belebt mich über die Maßen – ja, mein momentanes Lebensgefühl steigert sich in etwas Euphorisches hinein. Vergessen ist die Klausur, na ja, nicht ganz. Egal.

„Seien Sie unbesorgt, meinen Ausweis habe ich in der Tasche", zwinkere ich ihm zu und fahre mit meinen Händen lasziv durch mein lockiges hellbraunes Haar. „Wenn Sie nur auf Jungfrauen stehen, muss ich Sie leider enttäuschen."

„Ich mache Ihnen einen Vorschlag", sagt Achim jetzt und berührt meinen Arm. „Ich ordere ein Taxi, das uns in ein Hotel bringt. Wir gehen auf das Zimmer, und Sie können dort immer noch entscheiden, ob Sie es wirklich wollen."

„Ich werde wollen", zwinkere ich wieder, „aber nur, wenn Sie gut küssen können. Küssen Sie mich!"

Ich habe gelesen, dass sich schon beim Küssen herausstellt, ob zwei Menschen sexuell zusammenpassen. Was den Umgang mit Männern betrifft, bin ich mehr in der Theorie als in der Praxis bewandert und mit meinen 20 Jahren ungewöhnlich unerfahren. In meiner Familie wird Anstand groß geschrieben, das Wort „Sex" wird daheim nicht in den Mund genommen. Sorgfältig gewählte Ausdrucksweisen sind an der Tagesordnung, und ein verklemmtes Understatement in Sachen Geschlechtsverkehr.

„Sie ist frühreif", murmelte meine Mutter und legte mir, ohne weitere Worte zu verlieren, Binden und Tampons hin, als das Blut unten aus mir heraus kam.

Ich frühreif? Ein paar Jungen aus meiner Schulklasse haben mich auf Feten schon mal geküsst, aber empfunden habe ich dabei nichts. Mit einem von ihnen habe ich sogar geschlafen, weil ich wissen wollte, wie sich das anfühlt. Der Gedanke, dass ich sterben könnte, bevor ich es nicht einmal getan hätte, ließ mich nicht los. Gespürt habe ich dabei nur mechanischen Druck.

Ein Hymen hatte ich nicht, war also wohl nie wirklich eine Jungfrau. Mein Körper hat mich ja schon sehr früh interessiert, den habe ich zur Genüge untersucht, trotz aller Hemmungen, denn Körperlichkeit ist bei uns Äh-Bäh. Mädchen, die viel Sport treiben, heißt es, haben manchmal kein Hymen. Oder ich habe mich beim Onanieren gedehnt und dabei mein Hymen verloren. Onanieren gibt es in meinem Elternhaus nicht, eigentlich. Ich aber mache es mir, seit die Schamhaare auf meinem Venushügel sprießen.

Ich wollte die Schamhaare weghaben, weil sie mich ständig daran erinnern, dass ich Begierden habe. Erst habe ich meine Schamhaare mit der Schere kurz geschnitten, später dann rasiert. Im worldwideweb habe ich die Seite Schöne_Venus gefunden, dort war alles schön sachlich und genau beschrieben, wie man sich selbst da unten rasiert.

Ob rasiert oder nicht: Der Trieb blieb, ich habe ihm nicht widerstehen können. Ich fand es immer schlimm, wenn ich onanierte. Ständig hatte ich das Gefühl, dass nur ich so schmutzige Dinge denke und auch tue. Angefangen hat das in der Badewanne. Ich habe an mir herumgespielt, und dann war da plötzlich dieses geile Gefühl.

Achim nimmt mich in den Arm und küsst mich zart auf den Mund, Lippen an Lippen, kein Zungenkuss. Noch einmal, ganz sacht. Er küsst wie ein Gentleman, und es rieselt nur so über meinen Rücken. Wow.

„Gut", erkläre ich, „Test bestanden."

***

Heute regnet es in Strömen. Die Bauern werden sich freuen, denn dieses Frühjahr ist das wärmste und das trockenste seit langem.

Geschützt unter einem großen Stockschirm mache ich mich auf den Heimweg. Es war heute das siebzehnte Mal, dass

Achim und ich uns getroffen haben, immer in diesem Hotel am Sendlinger Tor. Ist es richtig, was ich da treibe? Ich bin verstrickt in einem verlogenen Doppelleben, denn niemand weiß von Achim. Einmal haben wir eine ganze Nacht miteinander verbracht und morgens gemeinsam gefrühstückt. Meinen Eltern habe ich erzählt, dass ich mit einer Studienfreundin bis in den späten Abend hinein lernen und darum bei ihr übernachten würde. Meine Mutter hat sich gewundert, weil ich vorher nie etwas über die neue Freundin erzählt habe, und fragend das Gesicht verzogen. Sie will immer alles wissen, was ich so treibe, und ihr gefällt es überhaupt nicht, dass ich in letzter Zeit äußerst wenig von mir erzähle.

Gewissensbisse. Mein Herz pocht, und ich habe ein mulmiges Gefühl in der Magengrube. Bloß jetzt nicht in diesem Zustand meiner Mutter begegnen müssen! Ich beschließe, in das nächstbeste Café zu gehen, um meine Gedanken zu sortieren. Einfach alles runterschreiben, was mir in den Sinn kommt, das hat mir schon oft geholfen.

Mein zweifelnder Grübelgeist peinigt mich, seit ich denken kann. Früher, als ich klein war, hatte ich ein Zwergkaninchen, dem ich alles erzählte. Hugo, der Rammler, war mein bester Freund, ich setzte ihn auf meinen Schoß, und er hat mir ohne Wenn und Aber zugehört. Leider nahm meine Mutter ihn mir weg, weil ich ihrer Meinung nach seinen Stall zu selten sauber machte. Hatte sie ihre Drohung wahr gemacht hat und meinem Hugo das Fell abgezogen, ihn ins Bratrohr geschoben und uns als Sonntagsbraten aufgetischt? Sie behauptete, sie habe Hugo verschenkt, mitsamt Käfig und Futter und Stroh. Ich war damals 11 Jahre alt, weinte viel und wollte meinen Hugo wiederhaben. Weil ich mit nichts zu beruhigen war, bot sie mir an, als Ersatz für Hugo einen Hund zu besorgen, aber ich wollte kein anderes Tier, wollte nur meinen Hugo zurück.

Die Bedienung bringt mir eine große Apfelsaftschorle, ich bedanke mich, packe meine Schreibsachen aus und stelle mir vor, wie Hugo auf meinem Schoß sitzt und ich zu ihm spreche. Albern – ich mit meinen 20 Jahren! Egal, der Gedanke an Hugo tröstet mich und beflügelt meinen Schreibfluss.

Achim. Soll ich sein Angebot annehmen? Er will für mich ein Appartement anmieten, damit wir uns öfter treffen können. Eigentlich kenne ich Achim gar nicht. Er spricht wenig über sich, und wenn ich ihn nach seinem Privatleben oder nach seinem Berufsleben frage, bekomme ich immer nur ausweichende Antworten. Er habe immer viel um die Ohren, hat er gesagt, aber er könne seine Zeit ziemlich frei einteilen. Einmal hat er sich verplappert, und ich konnte aus seinen Bemerkungen entnehmen, dass er als Banker arbeitet und irgendwo am Waldfriedhof wohnt. Ich glaube ja, dass er nach außen hin ein ganz normaler Familienvater ist und dass ich sein wohlgehütetes Geheimnis bin.

Achim meint, ich solle mich mehr von meinen Eltern abnabeln und endlich beginnen, ein eigenständiges Leben zu führen. Er hat ja irgendwie Recht, aber wie soll das gehen? Ich bin nun mal finanziell von meinen Eltern abhängig, und es dauert noch eine ganze Weile, bis ich selbständig für mich sorgen kann.

„Du könntest einen Job annehmen", meint Achim zu mir, „ich hätte da vielleicht etwas für dich." Neben dem Studium arbeiten? Eins nach dem anderen: erst einmal die Wohnung, vielleicht, und dann vielleicht eine Arbeit.

Achim ist ein exzellenter Zuhörer, und das versöhnt mich voll und ganz. Ich weiß gar nicht, wie ich es vorher ohne ihn geschafft habe, über die Runden zu kommen. Ihm kann ich alles, aber auch alles erzählen. Er hört zu, ohne zu tadeln, und nur zu gern gibt er mir einen Rat. Ich lerne so viel von Achim. Ich wusste ja nicht einmal, was Zärtlichkeiten sind! Was hat er bloß beim ersten Mal im Hotel über mich gelacht, als er mich darum bat, ihn nach dem gemeinsamen Duschen mit dem flauschigen Handtuch abzutrocknen. Ich legte gleich los und rieb ihn kräftig trocken. Er stoppte mich, hielt meine geschäftigen Hände fest und gab mir einen Kuss. „Geht es auch ein wenig zärtlicher?", fragte er mich dann amüsiert. Mir was das erst peinlich, aber sein Lachen vertrieb meine Verlegenheit. „Sanfter bitte, meine Liebe", hat er gesagt, mich zärtlich in ein Frotteetuch gehüllt und mich wieder ins Bett getragen.

Ich kann mich nicht erinnern, dass ich jemals liebevoll abgetrocknet wurde, immer musste alles schnell gehen. Achim war der Erste, der es tat. Er ist so einfühlsam! Mir hätte wirklich nichts Besseres passieren können, als diesen, meinen lieben Schatz, zu treffen.

Wie lange halte ich es wohl noch zu Hause aus? Dort wohnen zu bleiben wird immer schwieriger, meine Mutter löchert mich mit Fragen, und ich muss mir ständig Ausreden ausdenken. Ein paar Mal habe ich sie einfach stehen lassen, aber das nützte nicht viel: Sie lief zeternd hinter mir her. Nicht einmal in meinem Zimmer hatte ich Ruhe vor ihr.

Ich hätte mich für einen Studienplatz in einer anderen Stadt bewerben können, es meinen Brüdern nachmachen, die in Hamburg und in Bochum studieren und sich auf elegante Weise dem langen Arm unserer Mutter entziehen. Aber das kommt für mich nicht in Frage, denn ich brauche mein tägliches Klavierspiel! Tja, Hugo, als ich nicht mehr zu dir sprechen konnte, hörte mir mein Klavier zu und ist zu meinem Vertrauten geworden. Wenn ich spiele, ist es so, als ob all meine Emotionen und Gefühle, die tief in mir verborgen sind, zu den Tasten fließen. Ich spiele und lache und weine und singe und klage und jubiliere mit meinem Klavier. Meine Finger erzählen den Tasten mehr, als ich selbst von mir weiß, und ich kann heraushören, wie es mir geht, ohne es vorher gefühlt zu haben.

Meine Mutter ist immer glücklich, wenn ich spiele – sie wollte, seit ich denken kann, dass ich Klavier studiere. Eugen, mein Klavierlehrer, hat sich irgendwann durchgerungen und mir von einem Klavierstudium abgeraten. Meine Technik sei hervorragend, meinte er, aber das gewisse Etwas hätte ich nicht so raus. Sobald mir jemand zuhört oder ich gar vor einem Publikum spielen muss, klingt mein Spiel mechanisch und trocken. Eugen versuchte immer wieder, das meiner Mutter vorsichtig beizubringen, aber sie wollte es nicht wahrhaben und hielt an ihrem Glauben fest, dass ich begabt bin. Ich folgte Eugens Rat und setzte mich gegen meine Mutter durch – mein erstes Aufbegehren gegen sie. Mann, ist mir das schwer gefallen! Sie hat daraufhin wochenlang nicht mehr mit mir geredet.

Also, ich werde die Wohnung annehmen, aber weiter zu

Hause wohnen bleiben. Ohne meinen weißen Flügel kann ich nicht leben!

Die Bedienung kommt zum Abkassieren. „Schichtwechsel", erklärt sie und zückt ihren großen Geldbeutel. Ich zahle, packe mein Geschreibsel zusammen, setze Hugo in meine Tasche und mache mich auf den Nachhauseweg.

***

„Na endlich!", höre ich meine Mutter aus der Küche rufen, als ich das Haus betrete. „Du kommst spät, wir haben schon gegessen. Dass du dich nie an die Zeiten halten kannst!"

„Ich habe nicht versprochen, dass ich zum Abendessen da bin", antworte ich und verziehe mich rasch in mein Zimmer. Meine Mutter folgt mir auf dem Fuß.

„Ich weiß gar nichts mehr über dich", klagt sie, „ich weiß nicht, was du alles so treibst."

„Ich treibe gar nichts, ich muss für die Uni lernen", ist meine Antwort.

Kopfschüttelnd geht sie in die Küche zurück. Ich atme auf, setze mich an meinen Schreibtisch, mit Hugo auf dem Schoß, und schreibe weiter.

Trotz aller Vorsicht ahnt meine Mutter etwas. Sie blickt mich oft lange von der Seite an, und manchmal fragt sie mich, warum ich so fröhlich bin. Ich erzähle ihr dann, dass mir mein Studium Spaß macht. Stimmt ja auch. Hat sie insgeheim gehofft, dass ich keine Freude an der Psychologie finde und doch zum Klavierstudium wechsle? Sie selbst war einmal eine gute Pianistin. Manchmal spielt sie noch, doch immer weniger, und in letzter Zeit nur noch das eine Stück von Schubert. Der Flügel ist die letzte Verbindung zwischen meiner Mutter und mir, sie ist mir fremd geworden. Aber war sie mir jemals vertraut?

Meine Eltern haben mich nicht genug geliebt, glaube ich. War ich unersättlich? Kinder lieben ihre Eltern, egal, wie sie sind, sagt die Psychologie. Aber ich fühle sie nicht mehr, diese Liebe zu Vater und Mutter. Die Psychologie sagt auch, dass die reife Liebe der Erwachsenen erst nach der Ablösung von den

Eltern möglich ist. Liebe ich Achim wirklich? Ich kann, glaube ich, die starken Gefühle gegenüber Achim nur empfinden, weil ich mir sicher sein kann, dass er sie erwidert. Das wäre dann pubertäre Liebe, oder?

Ich bin ein Nesthäkchen. Mein Vater nennt mich auch jetzt noch Nesthaken, gemeint als Scherz, aber in meinen Ohren klingt das hart. Zwei Söhne reichten ihm eigentlich, das ist die Botschaft, die ich heraushöre. Nachkömmling Leas Schicksal ist, dass sie nicht gewollt war. Für meine Mutter war ich von Anfang an eine Last. Die Schwangerschaft mit mir hat ihre gute Figur zerstört, das behauptet sie immer noch. Wieso haben die mich bloß gezeugt?

Meine Eltern wirkten, seit ich denken kann, sexuell nicht besonders aktiv. Ob sie sich wohl liebten, bevor ich auf die Welt kam, fragte ich mich oft. Sie mussten es ja miteinander getrieben haben, sonst wären wir Kinder ja nicht geboren. Habe ich auch das zerstört?

Schuldgefühle. Die Psychologie sagt, dass Kinder nichts für das Schicksal ihrer Eltern können, aber aus lauter Liebe zu ihnen ihre Last tragen. So entstehen Schuldgefühle – vielleicht auch bei mir? Mmmh – wie dem auch sei, durch die Erkenntnis gehen die Gefühle längst nicht weg.

Bei Achim habe ich nie Schuldgefühle. Ich fühle mich bei ihm aufgehoben, kann es selber kaum glauben, das es so ist. Bei ihm bin ich sanft wie ein Lamm, empfindsam und voller Gefühle. Aber nur dann. Ohne ihn bin ich angespannt und warte auf den Pferdefuß, auf ein Desaster, das irgendwann aus heiterem Himmel über mich und unsere Beziehung hereinbricht. Sobald nämlich in meinem Leben etwas richtig schön stimmig und harmonisch war, brach alles kurz darauf zusammen. Ich will ihn auf keinen Fall verlieren, doch irgendetwas in mir flüstert mir ein, dass es passieren wird. Wie mit Doro. Ach, Doro.

Doro war meine beste Freundin. Meine Eltern mochten Doro sehr, und die gute Laune in unserem Hause stieg immer, wenn sie da war.

„Du musst sie dir warm halten", riet mir meine Mutter, „Seit du mit ihr befreundet bist, ist dein Notenschnitt viel besser geworden." Doro war die Beste in der Klasse, und sie musste dafür nicht einmal lernen. Mit Doro zusammen machte es mir Spaß, die Hausaufgaben zu erledigen. Und nicht nur das! Mich fröhlich mit ihr auf dem Teppich zu wälzen und gemeinsam Geschichten ausdenken, das war das Höchste! Mann, waren wir ausgelassen und albern!

Was sie jetzt wohl macht? Sie ist einfach fortgegangen, ohne einen Grund zu nennen. Erst hat sie sich einfach nicht mehr mit mir treffen wollen und stets irgendwelche fadenscheinigen Ausreden als Grund gefunden. Dann ist sie kurz vor dem Abitur von der Schule abgegangen und mit ihrer Mutter weggezogen, niemand wusste, wohin sie gegangen sind. Sehr mysteriös. Ich litt sehr darunter und hatte niemanden, mit dem ich darüber sprechen konnte. Meine Mutter tat so, als ob es das Normalste von der Welt sei, wenn Freundschaften auseinander gingen. Ich solle mir da keine Gedanken machen, sagte sie nur.

Ich dachte aber, ich hätte etwas ganz Schlimmes angestellt und glaubte, dass sie deshalb weggegangen ist. Immer suche ich die Schuld bei mir. Manchmal denke ich, dass ich Psychologie studiere, um dieses Phänomen zu verstehen. Schuldgefühle sind irrational und kommen aus der Schattenwelt. Meine Schattenwelt ist mir ein Rätsel.

Doro war ebenfalls Klavierschülerin von Eugen, meine Eltern hatten ihr die Unterrichtsstunden bei Eugen finanziert, weil Doros Mutter als Alleinerziehende kein Geld dafür übrig hatte. Sie versprachen sich davon, dass wir gemeinsam üben und ich in ihrem Beisein lockerer werde und gefühlvoller spiele.

Wir spielten oft vierhändig und hatten uns einen Sport daraus gemacht, so schnell wie möglich zu spielen, natürlich ohne Metronom, denn das hätte uns nur im Steigern des Tempos während des Spiels gestört. Ich war schneller, wenn ich auf der rechten Seite spielte, sie auf der linken. Die Schnellere musste aufpassen, die andere nicht zu verlieren.

„Wir sind das vierhändige Traumpaar", jubelten wir, wenn wir unsere Zeitmarke unterboten.

„Auf eure Art grandios, unglaublich schnell, aber ohne Empfindungen", urteilte Eugen mit einem lachenden und einem weinenden Auge. „Ihr missachtet die Musik", tadelte meine Mutter und schüttelte mit dem Kopf. Mein Vater hingegen schaute und hörte uns amüsiert zu. Er beobachtete uns überhaupt sehr gern. Seit Doro nicht mehr kommt, hat sein Interesse an Musik allerdings sehr abgenommen.

***

Heute zeigt mir Achim das Appartement. Erst haben wir beim Vermieter, der im Erdgeschoss sein Büro hat, geklingelt, um den Schlüssel abzuholen. Wieso hat der mich wohl so komisch von der Seite angeguckt? Hat Achim ihn eingeweiht? Vielleicht ist der Vermieter sein bester Freund, dem er Geheimnisse anvertraut. Fühlt sich irgendwie so an, sie duzen sich jedenfalls.

„Ich habe dein neues Studio einrichten lassen", erklärt Achim, als er die Wohnungstür aufschließt. Ich hoffe insgeheim, dass er mich über die Schwelle trägt, aber er tut es nicht.

„Gefällt dir die Einrichtung?", fragt er mich beim Hineingehen. Ich blicke mich um: praktische weiße Schrankwände im Flur, die bis zur Decke reichen. Rechts eine Tür, die ins Bad führt. Ich blicke kurz hinein: Das Duschbad ist wie der Flur weiß gehalten. Schade, es gibt keine Badewanne.

Ich bekomme ein komisches Gefühl. Achim hat mich überhaupt nicht gefragt, wie ich es gerne hätte. Natürlich muss er das nicht, er bezahlt ja alles, und bin ich denn eine, die Ansprüche erheben könnte?

Der Wohn-Schlafraum ist groß, mehr als 30 Quadratmeter, schätze ich mal. Eine große Fensterfront mit hellen Jalousien, die halb heruntergelassen sind. Links eine Kochnische, gleich daneben ein Tisch mit zwei Stühlen. Auf dem Tisch stehen zwei Champagner-Kelche im Jugendstil-Design.

„Erbstücke von meinen Eltern", bemerkt Achim, als mein Blick auf die Kelche fällt, „ich dachte, sie könnten dir gefallen?" Ich nicke. Ich mag schnörkeliges und verspieltes Design, das hat Achim wohl aus meiner Kleidung geschlossen. Ich trage gerne Blusen mit Ornamenten, die an den Jugendstil erinnern. Niemand sonst kleidet sich so, aber mir ist das mittlerweile egal, ich trage das, was ich mag. Mein Blick wandert weiter zum Schreibtisch hinten links, der schräg in den Raum gestellt ist, sodass man von ihm aus zum Fenster hinausschauen kann. Dahinter ein moderner Schreibtischstuhl mit Lehne und lauter leere Bücherregale. Mein Studienplatz? Das Bett auf der rechten Seite ist nicht sehr breit, also nichts zum Übernachten für zwei Personen. Das Gestell ist wie alle anderen Möbel in dem Raum aus massivem Buchenholz, auf ihm liegt ein orangefarbener, ein wenig ins rötlich gehender Futon. An den Seiten des Kopfbereiches sind geschickt schwer einsehbare Regale eingebaut. Für Kondome und so, denke ich mal.

In der Mitte des Raumes steht eine Chaiselongue, bedeckt mit einem abnehmbaren Bezug, der im selben Farbton wie der Futon gehalten ist.

Achim folgt aufmerksam meinen Blicken. „Kennst du das Möbel?", fragt er.

„Ja, eine Chaiselongue", antworte ich, „aber so eine Form habe ich noch nie gesehen." Stark erhöhtes Kopfteil, in der Mitte eine Mulde, das Fußteil wieder erhöht. „Sie sieht aus wie eine weiche Welle im Ozean", finde ich, „ein ansprechendes Design." Neben der Chaiselongue steht eine moderne hohe Leselampe aus Chrom.

„Ein Lesemöbel für mich? Sieht gemütlich aus!" Ich nähere mich dem Wellenmöbel und befühle den Bezug. Er ist auf der Rückseite gummiert. „Warum das?", frage ich verwundert.

„Das ist ein Tantra-Divan", erklärt Achim, „gedacht für unsere Liebesspiele, aber natürlich auch für dich zum Hinfläzen und zum Lesen." Er nähert sich mir von hinten, legt seinen Arm um mich und drückt meinen Körper an seinen. „Bist du bereit?", flüstert er mir ins Ohr.

Ich lehne mich an seine Brust an. „Jetzt sofort?", antworte ich zögernd. Die neue, ungewohnte Umgebung hemmt mich, und mir wird heiß. Er bezahlt hier alles. Verkaufe ich mich? Prostituiere ich mich?

Befreit aus seinen Armen drehe ich mich zu ihm und blicke ihm in die Augen.

„Bin ich jetzt für dich so etwas wie eine Gespielin, Geisha, Konkubine, Mätresse, oder eine Kurtisane, die du aushältst?"

Achim schüttelt den Kopf und breitet einladend seine Arme aus. „Du bist das Schönste und das Wertvollste, was mir seit Jahren begegnet ist", sagt er und blickt mich zärtlich an.

Das nehme ich ihm ab, aber offen bleibt: Was bin ich für ihn?

Er nimmt mich in den Arm. „Nur unsere Liebe zählt", sagt er zärtlich und knabbert erst rechts, dann links an meine Ohren. Ich schließe die Augen. Achim umfasst meinen Po und drückt mich an sich. Ich genieße es, wie sehr er mich begehrt, und wie mein Körper auf ihn reagiert. Keine Grübeleien und ernsthafte Gedanken mehr, nur noch Begehren – die Natur setzt sich durch.

„Champagner?", frage ich ihn und kneife in seine Flanke.

„Au!", ruft Achim, löst sich lachend von mir, nimmt meine Hand und zieht mich zum Kühlschrank. „Es ist alles da, was wir brauchen", sagt er, holt den Champagner und lässt den Korken knallen.

„Wie beim ersten Mal", schwärme ich, und wir stoßen an.

„Nein, meine liebe kleine Hexe, es wird alles noch viel schöner werden", versichert Achim. Ich trinke das Glas leer, und Achim schenkt nach. Statt zu trinken, gieße ich den Inhalt langsam in meinen Ausschnitt, und Achims Zunge folgt der Champagnerspur auf meiner Haut.

„Köstlich", sagt er und blickt mir in die Augen, „am liebsten würde ich dich ganz und gar mit Champagner begießen und ..."

***

Wir haben uns geliebt – oh wie war das schön! Danach sind wir beide in der Löffelstellung eingenickt.

Achim beginnt nun im Halbschlaf, mich zärtlich von hinten zu stoßen. Mein Becken bewegt sich mit, und wir tanzen auf den weiten Ozeanwellen der sanften Lust, atmen gemeinsam, ein, aus, ein, aus, werden ans Ufer gespült, liegen in der Brandung. Begierde überwältigt uns, und die Brandung zieht uns wieder ins weite Meer hinaus. Ewiges Spiel, bis Achim mit lautem Getöse kommt. Er schießt seinen Samen in mich hinein – ohne Präser. Auweh. Ich springe erschrocken auf und eile ins Bad, spüle dort meine Vagina mit warmen Wasser aus, immer wieder, und das Poloch gleich mit. Innerlich bebend lege ich mich wieder zu Achim auf das Bett. „Was ist, wenn ich jetzt schwanger werde?", frage ich.

„Ich hatte ja vorher schon kräftig abgespritzt", versucht er mich zu beruhigen, als ich wieder unter unsere Bettdecke schlüpfe.

„Ein einziges Spermium reicht aus", jammere ich und versuche mich krampfhaft zu erinnern, wann meine letzte Periode war. Ich kann mich gerade überhaupt nicht konzentrieren.

„Dafür gibt es die Pille danach", tröstet mich Achim.

Er will kein Kind von mir!, schreit es in mir. Komisch. Ich will doch selber kein Kind, jetzt, in diesem Augenblick. Das Studium schaffen, mein Leben ordnen, mich selber finden, das steht an. Trotzdem kränkt mich die Bemerkung, dass man mit einer Pille abtreiben kann.

„Aber wenn du trotz allem schwanger bist, dann stehe ich natürlich zu dir", versichert er jetzt. Was meint er wohl damit? Ich frage nicht nach, sondern kuschele mich in seine Armbeuge.

„Ein Kind mit dir, eigentlich ein schöner Gedanke", sinniert Achim, „stell dir vor, wenn ich dich mit diesem geilen Fick geschwängert hätte! Ein Kind der puren Lust und der Liebe. Gibt es denn eine bessere Voraussetzung für ein neues Leben?" Achim kommt richtig ins Schwärmen. Sein Schwanz bewegt sich und berührt meinen Bauch. „Weißt du eigentlich, dass der Mann bei einem geilen Fick richtig viele Spermien abspritzt?"

„Umso schlimmer", jammere ich, aber Achim lässt sich dadurch nicht stören.

„Sieh doch, er will noch einmal", lacht er, streichelt über seinen Schwanz und küsst mich.

„Bist du denn gar nicht besorgt?", frage ich nach.

„Es gibt für alles eine Lösung", antwortet er und lässt seine Finger über meinen Schlitz gleiten.

***

Ein paar Tage später bekomme ich Schmierblutungen. So etwas hatte ich noch nie – muss ich jetzt zum Arzt gehen? Ist das jetzt ein Abgang oder was? Meine Mutter kann ich nicht fragen, und mir fällt niemand ein, den ich fragen könnte. Ich müsste ja erzählen, dass ich mit einem Mann intim war. Wir hatten genau 20 Tage nach meiner Periode ohne Präser miteinander geschlafen. Theoretisch hätte nichts passieren können, aber praktisch ... egal, die Blutung ist da, ich bin nicht schwanger.

Menstruation – meine Mutter hat mir mit eindrücklichen Gesten nahegelegt, dass „darüber" nicht gesprochen wird. Im Internet habe ich gelesen, dass die Monatsblutungen ein Teil der weiblichen Sexualität sind, auch die Schwangerschaft und das Gebären. Das ist eigentlich völlig klar, nur selber bin ich darauf nicht gekommen. Sexualität war bisher für mich immer verbunden und gedacht als ein Ding zwischen Mann und Frau.

Achims Fürsorglichkeit rund um die mögliche Schwangerschaft hat mir gut getan: Er hat sich täglich nach mir und meinem Befinden erkundigt. Als ich ihm gemailt habe, dass ich nicht schwanger bin, war er fast ein wenig enttäuscht. Na so was! Er wollte sich tatsächlich auf eine Schwangerschaft einlassen. Könnte ich mir ein Leben mit Achim vorstellen?

Ja? Nein? Ja, aber.

Ich seufze und gehe ins Bad, setze mich auf die Toilette und pinkele. Meinen Mittelfinger halte ich in den Strahl und lecke ihn ab. Komisch, Achim hat es mir beigebracht, mich nicht mehr vor den Säften zu ekeln, aber vom Blut der Frau möchte er nichts wissen. Gedankenverloren nehme ich den Mittelfinger in den Mund. Uringeschmack. Und wie schmeckt mein Blut? Ich stecke meinen Mittelfinger in meine Möse und streiche mit ihm über die Schleimhaut da innen. Rotbraune Schlieren um meinen Stinkefinger, ein kleiner brauner Klumpen an der Fingerspitze. Ich nehme das Klümpchen in den Mund und zerdrücke es auf der Zunge. Süßlicher Geschmack, ein wenig wie Blutwurst.

Na ja, auch Blutwurst ist ja nicht Jedermanns Geschmack.

Ich werde Achim mal fragen, ob ihm Blutwurst schmeckt. Nein, werde ich nicht!

***

Natürlich mache ich mir Gedanken, warum der Mann, dessen Nähe ich suche, den ich so liebe, um so vieles älter ist als ich. Ich glaube ja, dass es Zufall war. Oder war es doch Kismet, Schicksal?

Aus der Fachliteratur lese ich heraus, dass ich einen Vaterkomplex haben könnte, also nach C.G. Jung eine triebgesteuerte Liebe von Tochter zu Vater oder zu einer männlichen Ersatzfigur, die sich aus einem vorpubertären Kastrationskomplex entwickelt hat. Das Mädchen steht dabei mit ihrer Mutter in Konkurrenz um die Gunst des Vaters.

Woanders, ich weiß nicht mehr wo, steht geschrieben, dass oftmals nur die Sehnsucht nach einer Geborgenheit, wie sie jüngere Männer einfach noch nicht geben können, dahinter steht.

Habe ich einen Vaterkomplex? Oder suche ich einfach nur die Geborgenheit? Jung spricht von Schatten, den vergrabenen, unentdeckten Schätzen in einem. Die eigenen Schattenbereiche kann man schwerlich selbst entdecken, sonst wären sie keine Schatten. So eine Psycho-Selbstanalyse hat darum so ihre Tücken. Egal, alles egal. Ich bin glücklich mit Achim, und das allein zählt erst mal.

Achim, Achim, immer Achim. Eines ist gewiss: Seitdem ich mit Achim zusammen bin, spüre ich mich ganz anders, bin ganz anders in meinem Körper und auch in meinen Gefühlen zuhause.

Aber es ist nicht nur die Sehnsucht nach Geborgenheit, es ist noch mehr: Es ist auch eine Sehnsucht nach tiefer Verbundenheit, die mich zu Achim führt. Wenn ich mit ihm schlafe, gibt es Momente, in denen unsere Körper verschmelzen und wir im selben Rhythmus atmen, bis zur Atemlosigkeit. In diesen Momenten ist es so, als ob wir uns in einem tobenden Meer befinden und mir in der Verschmelzung Kiemen wachsen, damit ich auch unter Wasser atmen kann. Ich erzählte Achim von diesem Bild, und er lächelte mich zärtlich an: „Ich kenne das Gefühl ebenfalls, dass ich beim Höhepunkt keine Luft mehr bekomme", sagte er, „nicht umsonst nennen die Franzosen den Orgasmus ‚petite mort', den kleinen Tod. Das macht manchmal sogar Angst, so intensiv ist es. In der höchsten Lust verschmelzen Angst und Lust und Schmerz zu einem riesigen Gefühl, der Ekstase. Manche Frauen müssen nach dem Koitus weinen, sie schluchzen in den Armen des Mannes. Die meisten Männer sind ein wenig einfacher gestrickt – sie sind danach körperlich erschöpft, haben sich verausgabt und schlafen einfach ein." Er hat mich dann angeschaut, so als ob er prüfen wollte, wie viel ich von dem, was er sagte, verstanden habe. Ich nickte nachdenklich, und so redete er weiter: „Die Ekstase raubt wohl auch dir den Atem, und dein Ausweg daraus sind die Kiemen."

Achim küsste mich und flüsterte in mein Ohr: „Es ist mir eine Ehre, dass ich dir den Atem nehmen darf." Wir liebten uns dann innig. Achim bewegte sich nur sehr langsam in mir, als ob er jeden Moment auskosten wollte, der uns der Verschmelzung näher brachte. Dieser Beischlaf hatte etwas Heiliges – seitdem sehne ich mich noch mehr nach ihm. Es ist fast wie eine Sucht.

***

An der Uni geht es mir immer besser, dank Achim natürlich. Ich besuche alle Pflichtvorlesungen und bereite mich sorgfältig auf die Prüfungen vor. Vieles geht mir jetzt von der Hand, was mir noch vor gar nicht langer Zeit richtige Probleme bereitete. Zum Beispiel jemanden fragen, wenn ich nicht weiter weiß, und sei es auch nur der Weg zum nächsten Klo. Oder wie ich eine Veröffentlichung finde, die nicht im üblichen Verzeichnis steht. Ich bin selbstbewusster geworden, weil es einen Menschen gibt, dem ich wichtig bin. Ich bin jetzt wer! Bei meinen Eltern habe ich immer das Gefühl, dass ich nie genüge, dass ich alles immer noch ein wenig besser machen könnte, würde ich mich nur mehr anstrengen. Es ist nie genug, und es ist nie genau richtig. Nur ein bisschen richtig, vielleicht, aber immer noch verbesserungsfähig. Achim ist viel sanfter in seinen Beurteilungen, er motiviert mich, statt mich zu bremsen.

Ich soll mich mehr von meinen Eltern lösen, sagt Achim, damit ich mich selber finden kann. Bin ich denn verloren gegangen?, frage ich mich. Irgendwie schon, wenn ich dem Urteil meines Großvaters traue. Er hat mir bei meiner Abifeier gesagt, dass ich als kleines Kind viel selbstbewusster war als jetzt, und dass er sich mehr Munterkeit bei mir wünscht.

Nach und nach werde ich von zu Hause ausziehen, das ist beschlossene Sache. Ich werde meine Klamotten und meine Bücher ins Appartement holen, aber so allmählich, dass niemand es bemerkt.

Ob Achim öfter über Nacht bleiben wird, wenn ich ganz umgezogen bin? Er verlässt mich jedes Mal irgendwann in der Nacht. Warum bleibt er nicht? Es ist, als ob er mir damit klar macht, dass er nicht zu mir gehört, sondern zu seiner Frau, die mit ihm und den Kindern irgendwo im Münchner Süden lebt. Oder gibt es andere Gründe, warum er nicht bleibt? Ich könnte ihn fragen, aber ... Das Aber-Monster liegt neben mir und souffliert mir die vielen Abers ins Ohr. Ach, ich würde so gern neben ihm bei Sonnenaufgang aufwachen und mich dann an ihn schmiegen. Immer wenn er geht, lässt er etwas von sich zurück. Manchmal höre ich ihn im Bad klappern, obwohl er schon seit Stunden weg ist. Ich kuschele mich in sein noch warmes Kissen, spüre die verbliebene Wärme von Achim und stelle mir vor, dass ich in ihm bin, so als kleiner Däumling, und dass er mich immer mitnimmt.

***

Mein Klavierspiel hat sich ebenfalls geändert, seit ich mit Achim zusammen bin! Klavierlehrer Eugen hat sich verwundert darüber geäußert, dass ich nun die Tasten gefühlvoll anschlagen und virtuos spielen kann.

„Wenn du dich weiter in diesem rasanten Tempo entfaltest, könnte doch noch eine herausragende Pianistin aus dir werden!", hat er in der letzten Stunde zu mir gesagt. Er hat sich sogar entschuldigt, dass er sich anmaßte, mir vom Studium abzuraten. Eugen sieht mich in letzter Zeit so an, wie man eine Frau ansieht. Ich glaube, er ahnt etwas. Die Verwandlung von der altklugen in eine durchgevögelte junge Frau ist ihm sicher nicht entgangen. Am liebsten hätte ich ihm erzählt, dass die Virtuosität durch das Ficken kommt.

Heute ist Klavierstunde. Ich klingele bei Eugen Sturm, so wie es sich für eine gehört, die Piratenmusik einstudiert hat. Entgegen der sonstigen Gepflogenheiten – ich spiele eigentlich nur klassische Stücke und nicht so einfache Sachen – habe ich mir die Noten zur Filmmusik „Fluch der Karibik" besorgt und daheim, wenn niemand zu Hause war, einstudiert.

Eugen öffnet die Tür und schaut mich aufmerksam an.

„Ich habe mal etwas anderes eingeübt", rufe ich, eile an ihm vorbei und stracks auf den Flügel in seinem Musikzimmer zu, setze mich auf den Klavierhocker und schlage kraftvoll die ersten Akkorde von der Filmmusik an. Triumphierend blicke ich ihm in die Augen: „Was sagt mein Herr Lehrer dazu?"

Eugen lacht: „Hat dich der Hafer gestochen?", fragt er, kommt zu mir und stellt sich hinter mich.

„Banale Dramatik in d-Moll, gespickt mit den Emotionen einer spät-pubertierenden jungen Dame", grinse ich, „interpretiere ich in deinem Sinne?"

„Spiele", sagt er. Ich spüre seinen Atem im Nacken, als ich die Tasten anschlage.

Ich hau auf den Flügel ein, gebe alles, was ich in mir habe. Nur die dramatischen Stellen spiele ich, denn die prosaischen, traurigen wie den Song „Hisst die Flagge" habe ich erst gar nicht einstudiert.

Schlussakkord. Schweißtropfen auf meiner Stirn. Ich habe wieder einmal vergessen, beim Spielen gleichmäßig zu atmen. Ich warte auf seinen Kommentar, aber Eugen schweigt.

„Wie war es?", frage ich ihn.

„Ungestüm. Jung. Frei", antwortet er.

Ich atme tief ein: „Danke!"

Eugen tippt mit den Fingern auf meine Schultern, so als ob er spielen würde. „Aber etwas fehlt noch." Eugen überlegt kurz,

sagt dann: „Komm, wir probieren etwas aus. Steh mal auf."
Eugen dreht den Klavierhocker bis zum Anschlag nach unten, setzt sich auf ihn und klopft mit seinen Händen einladend auf seine Schenkel. „Körperkontakt. Setz dich auf meinen Schoß und spiele das Stück noch einmal – und vergiss nicht, trotz Dramatik ruhig aus dem Bauch heraus zu atmen."
Sitzend auf Eugens Schoß atme ich aus, atme tief ein, aus, ein. Eugen schlingt seine Arme locker um mich, seine Hände liegen auf meinem Unterbauch. Er hat mir zu der Bauchatmung geraten, wenn ich aufgeregt bin, und wenn zu viele Gedanken meine Empfindungen torpedieren wollen.
Ich beginne zu spielen, aber nach ein paar Takten stoppe ich. Zuviel Berührung, zu aufgeregt. Ich saß schon öfter so auf dem Schoß meines Lehrers, wenn ich nicht im Kontakt mit mir war. Eugen hat mich auf diese Weise „geerdet", wie er sagte. Aber heute spüre ich vor allem, dass ich auf dem Schoß eines Mannes sitze. Ich bin nicht bei mir und werde unruhig.
„Es geht nicht", erkläre ich, „ich komme heute mit dir in eine Stimmung, die mich vom Fluch wegführt, ich kann nicht auf den Flügel einhämmern."
Ich will aufstehen, aber Eugen hält mich fest. „Kneif jetzt nicht!", befiehlt er streng, „Du lenkst ab. Bleibe beim Thema, Fluch der Karibik, konzentriere dich und stimme dich ein. Stell dir vor, dass du einen Auftritt hast und nicht einfach das Programm wegen deiner Stimmungslage wechseln kannst."
Gut, dass er jetzt nicht mein Gesicht sehen kann, denn ich bin bei seinen Worten rot geworden.
„Unsicherheit ist der erste Schritt, um aus der Verdrängung in die Wahrhaftigkeit zu kommen und um befreit spielen zu können", erklärt Eugen mir. „Fang langsam an, spiele und steigere dich im Ausdruck, sobald du dafür bereit bist."
Eugen hält meinen Bauch: „Vergiss nicht, gut zu atmen, aus dem Bauch heraus."
Ich setze mich auf Eugens Schoß zurecht und starte erneut, aber wieder finde ich einfach nicht den Einstieg. „Es ist hoffnungslos", seufze ich und will wieder aufstehen, doch Eugen hält mich erneut fest.

„Jetzt kneife doch nicht!", bittet er mich, „Komm, wir versuchen es gemeinsam. Wir tönen mit unserer Stimme die ersten Takte der Musik, immer wieder und wieder, bis dein Körper selbst zu diesen Tönen wird. He's a pirate ..."

Eugen singt „da da dada da da dada da da dada dadada ..." und klopft dabei den Takt auf meine Oberschenkel. Ich überwinde mich und töne mit. Irgendwann springt der Funke über und ich greife in die Tasten. Mein Oberkörper bäumt sich auf und sinkt nieder. Eugen hält mich, und ich spiele. Wellen von Tönen fließen durch mich hindurch, und unter meiner Haut rieselt es. Ich spüre seine Hände auf meinem Bauch, meinen Rücken an seiner Brust. Nur noch Spiel und Gefühl und Tosen. Kurz innehalten, dann weiter. Mein Körper wird zu seinem. Ein Körper. Wildheit. Ekstase. Ich überlasse mich dem wilden Spiel, empfinde Lust und Freude. Ich juchze, bebe im Auf und Ab, während meine Finger die Töne in den Raum werfen. Das Schiff erklimmt Wellenberge und sinkt in tiefe Täler. Piraten stehen an der Reling. Da drückt sich etwas zwischen meine Pobacken, hart und fordernd.

Ich spiele weiter, tauche ab in versunkene Erinnerungen.

„Hoppe hoppe Reiter", ich reite auf dem Schoß meines Vaters. Kind Lea juchzt und jubelt. Doch der Spaß endet jäh. Völlig unerwartet, im Zenit der Freude, stößt der Vater die Tochter weg, und Lea fällt auf den Boden: Das Pferd hat den Reiter abgeworfen und eilt aus dem Zimmer. Klein Lea richtet sich benommen auf, stolpert zum Fenster, schaut auf den blühenden Birnbaum und versucht, aufkommende Tränen zu unterdrücken. Abgeworfen. Weggeworfen. Lea schluchzt.

Ich sitze auf Eugens Schoß, spiele und weine. Tränen kullern nun auf die Tasten und strömen in die Töne. Mein Vater hat mich seitdem nie wieder auf den Schoß genommen. Warum nur? Die Musik spielt durch mich durch. Schmerz vermengt mit Lust überfällt mich beim Spiel, aber auch Wut.

„Gut so", sagt Eugen sanft zu mir, als meine Arme nach dem Schlussakkord herabsinken. „Du hast alles gegeben, alles rausgespielt, alles aus dir herausgeholt."

Ich zittere, und Eugen hält mich.

Eugen bringt mir Tee ans Sofa, auf das er mich gelegt hat. Ich war zu schwach zum Gehen und bin zusammengesackt, als ich von seinem Schoß aufstehen wollte. Gütiger Himmel! Ich und so schwach! Bin am Flügel zusammengebrochen und lag als Häufchen Elend am Boden.

„Hast du gewusst, was durch das Spielen des Fluches mit mir passieren wird?", frage ich Eugen.

Er schüttelt nachdenklich den Kopf. „Nein, ich merkte nur, dass da etwas in dir steckt, was dich hemmte, alles zu geben. Du hast mit angezogener Handbremse gespielt. Jetzt hast du die Handbremse gelöst."

Eugen seufzt und schüttelt die Kissen auf, damit ich auf seinem Bett bequem sitzen kann.

„Ich kenne das auch", sagt er dabei, „nicht nur du hast mit dieser Handbremse zu tun. Kreative Geister müssen sich erst einmal durch den eigenen Schlamm wühlen, bis perfekte Kreation auftauchen kann, ohne Anhaftung, nur aus der Selbstvergessenheit heraus."

Ich nippe am Tee, bin zu erschöpft, um seinen Ausführungen wirklich folgen zu können, fühle mich so, als ob ich einen 10.000 Meter-Lauf hinter mir habe.

„Kekse?" Eugen reicht mir Schweizer Sandplätzchen, fein mit Schokolade überzogen. Darjeeling First Flush und Schweizer Plätzchen.

„Wann kommt dein nächster Schüler?", frage ich ihn.

„Heute kommt niemand mehr", antwortet er. „du kannst bleiben, bis du wieder auf deinen Beinen stehen kannst."

Ich knabbere am Plätzchen.

„Was war das bloß eben?", grübele ich.

„Mach dir jetzt darüber keine Gedanken", beschwichtigt mich Eugen und legt begütigend seine Hand auf meinen Unterarm. „Komm, ich spiele dir etwas vor. Möchtest du etwas Bestimmtes hören?"

Eugen steht auf, geht zum Flügel und wartet.

„Wieder eine Filmmusik vielleicht? ‚The heart asks pleasure

first' aus ‚Das Piano', bitte", wünsche ich mir, und Eugen beginnt zu spielen.

Musik erfüllt den Raum. Eugen improvisiert – er spielt wunderbar! Gefühlvoll schlägt er die Tasten an, sanfter und perliger, als ich es in Erinnerung habe. Ich schließe die Augen und stelle mir vor, wie es ist, mitten im Meer auf dem Rücken zu liegen und von den Wellen gewiegt und getragen zu werden. Vor meinem inneren Auge sehe ich am weißen Sandstrand ein spielerisch tanzendes Kind im weißen Kleid, das ausgelassen ein Rad schlägt, und noch ein Rad, immer wieder. Im Hintergrund erstreckt sich die Weite des Pazifischen Ozeans. Am Strand sitzt eine Frau an einem schwarzen Klavier und spielt darauf eine melancholische Weise. Eine Frau, die ihre Sprache verloren hat.

Meine Mutter hatte den Film gekauft und ihn mit mir gemeinsam auf dem Sofa daheim angeschaut. Fast hätten wir uns dabei berührt. Doch ab einem bestimmten Moment sank Mutter förmlich in den Film hinein, war nicht mehr anwesend. Wie eine abgelegte Marionette, doch von der Handlung innerlich bewegt, saß sie neben mir auf dem Sofa. Die Blässe in ihrem Gesicht gab ihr den Anschein einer lebenden Toten. Als dann das Piano mitsamt Frau vom Ozean verschluckt wurde, stand sie abrupt auf und verließ wortlos das Zimmer.

Einige letzte Takte, von Eugen gespielt, dann nur noch die Stille des tiefen dunklen Ozeans.

„Meine Eltern", schluchze ich. Eugen kommt zu mir und nimmt mich in den Arm.

**

Wie ich gestern nach dem Gefühlsmarathon nach Hause gekommen bin, weiß ich nicht mehr. Ich glaube, Eugen hat mich mit seinem Auto hergefahren. Erst als ich in meinem Bett lag, hatte ich alle Sinne wieder bei mir. Ich bin dann noch einmal aufgestanden und habe auf dem Flügel meiner Mutter ‚Das Piano' gespielt, für sie. Aber ich war allein, und niemand konnte es hören. Ich habe noch andere Stücke gespielt, erst die Liebeslieder von Brahms, die mein Vater so mochte, vor allem, wenn Doro und ich sie vierhändig in unserer affenartigen Geschwindigkeit herunterklimperten, und die Schubert-Serenade, die meine Mutter so mag, und die sie immer und immer wieder spielt.

Dann, zurück im Bett, bin ich friedlich eingeschlafen.

Ich liege immer noch im Bett, liege einfach nur da und lasse meine Gedanken vorbeiziehen, wie die Wolken am Himmel. Ich konnte heute morgen nicht einfach aufstehen und zur Uni gehen, so als wäre nichts passiert.

Ist Eugen jetzt mein Freund? Oder war unser gestriges Näherkommen nur temporär, flüchtig?

In meinem Inneren zieht sich etwas zusammen, alles jault in mir auf. Ich spüre erst jetzt, wie einsam ich vorher war. Ich kann mich nicht erinnern, wann ich jemals so eine Verbundenheit zu einem Menschen wie zu Eugen gestern empfunden habe. Mit Achim fühle ich mich auch verbunden, aber anders. Achim ist nicht mein Freund, er ist mein Geliebter.

Eugen hat mir zugehört, während ich über meine Eltern gesprochen habe. Wie ein Wasserfall sprudelten die Worte aus meinem Mund. Worte, die vorher noch nie so gedacht waren. Eugen saß still neben mir auf dem Sofa und sagte nichts, nickte nur immer wieder nachdenklich mit dem Kopf, als wolle er sagen: „Endlich verstehe ich das alles."

Meine Mutter – ach, meine Mutter. Auf Eugens Bett war ich ihr nah, auch gestern Abend hier beim einsamen Klavierspiel, ich spürte Sehnsüchte und vergrabene Wünsche, jetzt spüre ich nichts mehr, die Verbindung ist wie abgeschnitten. Komisch.

Und Vater. Welche Fesseln sind gestern eigentlich von mir abgefallen? Von welcher Beschaffenheit war die Handbremse? Verdrängt, verdruckst und vergessen. Mich muss die Episode mit meinem Vater geprägt haben, sonst hätte ich nicht so furchtbar schluchzen müssen, als mein Unterbewusstes die Geschichte preisgab. Ob sich mein Vater überhaupt noch daran erinnert? Als ich auf seinem Schoß saß und Hoppe-Reiter spielte, war er mit seinen Gedanken womöglich gar nicht bei unserem Spiel, sondern bei seinen geschäftlichen Angelegenheiten, und ihm ist vielleicht etwas eingefallen, was ihn sofort an seinen Schreibtisch hetzen ließ. Wahrscheinlich hat er nicht einmal mitbekommen, dass er mein Pferd war und mich abgeworfen hat. Aber in mir tobte seitdem die Frage, was ich falsch gemacht habe, dass er mich so abrupt weggestoßen hat.

Gott sei Dank, dass Eugen mich gestern aufgefangen hat, allein hätte ich das nie durchgestanden. Ich fühle, dass etwas ganz Schweres von mir abgefallen ist. Aber was?

‚Es ist nie zu spät für eine glückliche Kindheit', hat jemand nach der Vorlesung gesagt, als es um kindliche Traumata ging. Muss ich jetzt in eine Therapie, durch die Mühle der traditionellen Psychoanalyse à la Freud, um meine Kindheit zu verstehen und aufzuarbeiten?

***

Es ist schon dunkel, und ich warte ungeduldig auf Achim. Endlich klingelt er unten an der Eingangstür.

„Ich bin fertig, komme gleich runter", rufe ich in die Sprechanlage.

Achim hat mich zu einem Kostümfest eingeladen, er geht als böser Wolf, und ich als die kleine Hexe.

Meine kurzen Perückenhaare stehen kreuz und quer ab, einige Strähnen sind orange und grün eingefärbt. Ich trage einen weiten bunten Patchworkzaubermantel aus Samt, Baumwolle und Seide, darunter trage ich nichts. Mein Gesicht verbirgt sich hinter einer verspielten Hexenmaske. Ich bin eine hübsche Hexe!

Achim sitzt hinter dem Steuer seines Wagens, ein Zweisitzer-Coupé. Nur seine Augen und sein Mund schauen aus dem Wolfsfell heraus.

„Na, dann wollen wir mal", sagt er und startet den Wagen.

Ein großes schmiedeisernes Tor öffnet sich, und Achim fährt langsam durch einen Park mit hohen Bäumen. Rechts und links sind Fackeln aufgestellt und weisen den Weg zum Festgebäude. Vor dem Eingangsportal erwartet uns ein Portier und ein Bursche, dem Achim den Autoschlüssel und einen Schein in die Hand drückt. Der Bursche macht einen Diener, bedankt sich höflich und fährt den Wagen weg.

Wir sind spät dran, denn im Foyer herrscht schon munteres Treiben. Herren und Damen in ausgefallener Kleidung und mit Sektkelchen in den Händen plaudern angeregt miteinander.

Viel nacktes Fleisch, aber auch fantasiereiche Kostüme aus der Fabel- und Märchenwelt sowie prachtvolle fürstliche Kleidung sind zu sehen, ein Gemisch aus Schabernackt und venezianischem Karneval. Rechts an der Seite ist eine Bühne aufgebaut, auf der Musiker leise jazzig eingefärbte Unterhaltungsmusik spielen. Ich bin aufgeregt und klammere mich an Achim.

„Hier im Foyer wird später getanzt", erklärt Achim, „wir werden viel Spaß haben!"

Ich gehe mit Achim staunend durch die Reihen der verzauberten Gäste.

Plötzlich durchfährt es mich wie ein Blitz: Neben mir spricht ein Herr in einem Tonfall, den ich von meinem Vater kenne. Erschrocken blicke ich zur Seite. Unverkennbar: Er ist es! Auch der Habitus passt: Jovial und mit ausladenden Gesten unterstreicht er seine Worte. Er trägt ein kostbares Prinzenkostüm, und seine Begleitung neben ihm ist Schneewittchen. Sie trägt eine prächtige schwarze Echthaarperücke, ein rot-weißes, schlicht gehaltenes Dirndl und – ich sehe wohl nicht recht? – am Hals das kostbare Diadem meiner Mutter, das sie nur zu ganz besonderen Anlässen trägt. Die Dame kommt mir bekannt vor, aber ich erkenne sie nicht. Sie ist ungefähr in meinem Alter.

Am liebsten möchte ich im Erdboden versinken! Krass – mein Vater, hier! Achim bemerkt meine Unruhe und tätschelt meine Hand.

„Wenn du möchtest, kannst du den ganzen Abend an meinem Arm verbringen", flüstert er in mein Ohr.

Die Damen hier sind durchweg sehr jung, die Herren sind eher mittleren Alters, wie Achim und ... mein Vater. Soll ich das Etablissement fluchtartig verlassen? Nein. Ich will wissen, was mein Vater hier treibt.

„Ja, ich möchte mich erst einmal umsehen, mit dir", bitte ich Achim und hake mich bei ihm ein. Achim nickt.

Hinterm Foyer ist der Speisesaal. Ein großer ovaler Tisch, geschmackvoll und gediegen eingedeckt für ungefähr 30 Personen. Links am Rand warten Diener in schwarz-weißer Livree auf ihren Einsatz. Eine Tür steht offen, dort geht es wohl zur Küche.

„In einer halben Stunde werden wir hier speisen", erklärt Achim und führt mich zur Treppe. Ein Diener bietet uns Champagner an. Ich stelle mein erstes Glas auf das Tablett und nehme ein zweites.

Während des Dinners suche ich den Blick meines Vaters, der schräg rechts von mir auf der gegenüberliegenden Seite neben Schneewittchen sitzt. Als er mich endlich bemerkt, kann er den Blick nicht mehr von mir lassen. Ich nicke ihm zu und lecke meine Lippen, nippe am Champagner. Eindeutige Geste. Er nickt zurück, entschuldigt sich bei seiner Begleitung, die ihm daraufhin die Hand zum Kuss bietet. Mein Vater erhebt sich und geht zur Treppe. Ich drücke Achims Hand, schließe meinen Mantel und folge meinem Vater.

„Du bist zum ersten Mal hier, nicht wahr?", fragt er mich. Ich schweige. Vater nimmt meinen Arm und führt mich in ein märchenhaft eingerichtetes Zimmer. Weiße Rüschen und roter Samt herrschen vor. Das Kleid von Vaters Begleitung ist aus demselben Stoffen gefertigt, stelle ich verblüfft fest.

„Darf ich dir den Mantel abnehmen?", fragt er mich. Ich schüttele den Kopf. Meine Hände zittern.

„Du bebst vor Aufregung, weißt du, dass ich das sehr liebe?", sagt er und zieht mir mit seinen Blicken den Mantel aus.

„Bitte mach mit mir, was du dir wünschst, ich bin heute Nacht dein Liebesdiener", sagt mein Vater.

Der Vater als Liebesdiener. Heute werde ich von meinem Vater das bekommen, was ich immer so vermisst habe: ungeteilte Aufmerksamkeit! Meine Kinderseele schreit, aber mein erwachsener Körper wird geil.

Ich öffne sein Prinzenhemd und entdecke eine wohlgeformte, dunkel behaarte Brust. Wir waren nie gemeinsam am Strand, schießt es mir durch den Kopf. Ich suche seine Brustwarzen und sauge an ihnen.

„Die Milch meines Vaters", als Buchtitel nicht schlecht.

Ich lecke und sauge, und er streichelt über mein kurzes Haar, zupft zärtlich an den bunten Strähnen. Vater. Ach Vater, hättest du mich doch einmal so zärtlich gestreichelt! Ich seufze. Seine altertümliche Prinzenhose lässt sich leicht öffnen, ich muss nur die Schnalle entriegeln. Kein Reißverschluss am Schlitz, auch keine Knöpfe. Sein praller Schwanz springt mir entgegen. Ich knie mich vor ihm hin und lecke sein Prachtstück. Ein schöner Schwanz! Ich lecke seine Eichel, und Vater stöhnt auf, greift in meine Haare. Ich lecke den Schwanz, der einst sein Ejakulat in den Schoß meiner Mutter gespritzt hat wodurch aus Versehen eine Lea entstand.

Mein Vater ist sorgfältig rasiert, im Gesicht und auch an den Hoden, die ich nun vorsichtig in den Mund nehme. Ob meine Mutter ihn jemals geleckt hat? Ich glaube kaum. Er stöhnt und streichelt mein Haar.

„Weiter, meine süße Zaubermaid, mein Schwanz lechzt nach dir", stöhnt er.

Mein Vater, der sich sonst immer so prüde gibt! Vielleicht vertrocknet man neben meiner Mutter und sucht woanders Erfüllung? Meine Mutter, das asexuelle Wesen. Irgendwie kann ich ihn sogar verstehen. In meine sexuelle Rachgier mischt sich eine Prise Zärtlichkeit.

„Leg dich auf den Diwan", bestimme ich jetzt.

Ich hole aus meiner Manteltasche einen Präser, ziehe ihn über den prächtigen Vaterschwanz und setze mich auf ihn. Sein Schwanz in meiner Möse. Mein Vater hat die Augen geschlossen, und ich reite ihn, blicke dabei den Zuschauern, die sich nach und nach rund um den Diwan versammelt haben, ins Gesicht. Alte Männer, junge Frauen.

‚Seht her, ich reite meinen Vater!', rufe ich schweigend in die Menge, die diesem an sich unspektakulären Schauspiel beiwohnen.

Die Lenden meines Vaters unter mir werden lebendig. Sie heben sich ruckartig an, und senken sich ab, begleitet von ekstatischem Stöhnen. Ich stoße zurück, es ist wie ein Kampf – wessen Rhythmus setzt sich durch? Ich stoße ihn, und er stößt mich.

„Ich pfähle dich, du Luder", ächzt Vater und schießt seine Sahne in den Präser. Noch ein paar Zuckungen, dann ist er fertig.

„Meine süße Zaubermaid", seufzt er und grinst. Ich sehe seine schönen Zähne blinken, stehe auf, stelle mich über sein Gesicht, ziehe mit meiner Hand meine Schamlippen nach oben, ziele genau und pinkele auf sein Gesicht. Auf Augen, Nase und in den offenen Mund.

In meinem Schoß wird es warm, und ich wache erschrocken auf: Ich habe in mein Bett gepinkelt! Erschrocken ziehe ich meine Beckenmuskulatur zusammen, nehme ein paar Taschentücher zwischen meine Beine und rase zur Toilette. Auf der Klobrille sitzend atme ich tief durch. „Es war ein Traum", jammere ich, „Es war doch nur ein Traum!"

Ich mag nicht in den Spiegel gucken, schäme mich so sehr.

‚Ich bin ein neurotisches Arschloch', schimpfe ich und lege mein eingenässtes Bett trocken.

***

Seit dem Traum kann ich meinem Vater nicht mehr in die Augen schauen. Ich schäme mich so für meine ekelhaften Fantasien, und zwar so stark, dass ich niemandem davon erzählen kann, nicht einmal Achim. Er war ja dabei, jedenfalls im Traum. Unerträglich das alles! Ich kann die Gedanken daran nicht stoppen, ständig wirbeln sie im meinem Kopf herum. Jeder Atemzug sagt mir, dass ich ein furchtbares Leben habe, und wie unglücklich ich bin. Mein Atem kommt ins Stocken, und ich halte solange die Luft an, bis mein Körper mir befiehlt, endlich wieder zu einzuatmen. Ich antworte mit einem Seufzer ganz tief aus dem Bauch.

Mich packt das nackte Grauen, sobald ich mich an Details erinnere. Mensch, was bin ich bloß gestört! Tiefenpsychologisch wäre der Traum hochinteressant, sicherlich. Wenn meine

Kommilitonen davon wüssten, auweia. Oder gar die Profs oder die Assis. Die würden mir bestimmt davon abraten, weiter Psychologie zu studieren, so neurotisch wie ich bin. Ich könnte den Beruf niemals ausüben – ich, die gestörteste Studentin ever. Wo doch an der Uni endlich alles so glatt und gut lief! Die Klausuren habe ich alle bestanden, im Schnitt habe ich mich im oberen Drittel bewegt. Auch das Gruppenprojekt haben wir gut über die Bühne gebracht und ein tolles Abschlussreferat hinbekommen.

Der Traum hat mich aus der Bahn geworfen, und meine Psyche spielt verrückt. Aber mein Innerstes muss schon vorher verrückt gespielt haben, sonst hätte ich nicht so einen Mist zusammengeträumt.

Ist es vielleicht für mich doch nicht in Ordnung, dass ich mit einem älteren Mann, der obendrein verheiratet ist, schlafe? Verwechsle ich da etwas? Ist er mir mehr Vater als mein Geliebter? Geliebter und Vater in einem? Igitt! Bilder weichet! ACHIM IST NICHT MEIN VATER. Aber er könnte es sein.

Seit dem Traum ist einfach alles anders. Ich kann und mag nicht mehr mit Achim schlafen. Immer wieder schieben sich die Bilder vom Vater-Fick in das Jetzt hinein und vermischen sich untrennbar mit der Realität, so dass ich mir, wenn ich mit Achim schlafe, immer einbilde, dass ich meinen Vater ficke. Jetzt bin ich schon so weit, dass ich meine Menstruation vorschiebe, nur damit ich meine Ruhe vor Achim habe. Mein Liebster macht sich Sorgen und rät mir dringend, zum Frauenarzt zu gehen. Zwischenblutungen können ein Hinweis auf eine Erkrankung sein, meint er und guckt mich prüfend an.

Mein ganzes Leben ist eine einzige Lüge. Ich belüge meine Eltern und verschweige ihnen meinen Liebsten und das Appartement, meine Kommilitonen wissen nichts von meinem Doppelleben, und nun belüge ich auch Achim. Nur mit Eugen bin ich im Reinen, er ist mein Rettungsanker, ohne den ich in den dunklen Tiefen des Ozeans verschwunden wäre. Ich habe ihm letztens sogar von meinem Doppelleben erzählen können. Ich war ein wenig enttäuscht, denn Eugen hat darauf nicht so tolerant reagiert, wie ich insgeheim gehofft hatte. Ich dachte, ihn könne sexuell nichts schrecken, denn Eugen lebt polyamor. Ein Stockwerk unter ihm lebt seine Lebensgefährtin, außerdem hat er noch einen Freund. Eugen ist bisexuell veranlagt und lebt das auch aus. Ich war einmal zu früh dran zum Unterricht und habe ein Stockwerk höher wartend auf der Treppe gesessen und beobachten können, wie Eugen seinen Freund an der Wohnungstür zum Abschied geküsst hat, so richtig leidenschaftlich mit Zunge. Eugen hat nach dem Kuss hochgeschaut und mich bemerkt. Vor dem Unterricht hat er mir reinen Wein eingeschenkt. ‚Damit ich mir keine unnötigen Gedanken mache oder mich in Fantasien verliere', hat er gemeint. Meinen Eltern gegenüber habe ich natürlich den Vorfall verschwiegen.

Polyamorie – ob ich das wohl könnte? Na, ich bekomme nicht einmal eine einzige Beziehung gut hin.

Seit dem Gefühlsmarathon lädt Eugen mich regelmäßig zum Five o'Clock Tea mit Schweizer Plätzchen ein, zum Ausquatschen. Ich habe ihn gefragt, warum er das macht. Ich sei so etwas wie ein Patenkind für ihn, hat er geantwortet, er kenne mich ja nun schon seit etwa zehn Jahren.

Ich heule fast die ganze Zeit bei Eugen, und er reicht mir ein Taschentuch nach dem anderen. Wenn dann die Tränen weggeweint sind, überlegen wir gemeinsam, wie ich aus dem Schlamassel rauskommen kann. Ich weiß einfach nicht, was ich machen soll, und wohin ich gehen soll. Ich will nur weg, weg aus meinem Leben. Eugen findet auch keine Lösung, und manchmal habe ich das Gefühl, dass er mir etwas sagen will, es aber dann doch zurückhält. Beim nächsten Mal werde ich ihn darauf ansprechen.

***

Eugen hat seine Eltern gefragt: Sie würden mich aufnehmen! Wenn die genau so nett sind wie Eugen ist, dann wäre ich einverstanden. Aber habe ich überhaupt eine andere Wahl? Klar, habe ich: Ich könnte mich umbringen. Dann hat die liebe Seele Ruh' – das sagte meine Oma immer und steckte mir Schokolade zu, damit ich sie nicht mehr mit meinen Fragen löcherte.

Mit Schokolade im Mund war ich dann eine Weile still. Gibt es auch so eine Art Schokolade für das kranke Gehirn da oben? Das Hirn stillstopfen. Psychopharmaka fressen anstatt mich umzubringen, vielleicht, mich betäuben und nichts mehr fühlen müssen. Oder doch lieber gleich Schluss machen? Ich habe es so satt, mein Gedankenkarussell! Meine zerstörte Psyche, unheilbar gestört – wozu noch leben?

Todesarten: Vor den Zug werfen. Oder mich im Birnbaum im Garten aufhängen – ich stelle mir vor, wie mein Vater morgens aus dem Fenster guckt und mich zwischen den kleinen Früchten baumeln sieht. Oder mich mit dem Jagdgewehr meines Großvaters erschießen, mitten im finsteren Wald – das Gewehr senkrecht stellen, in meinem Mund aufsetzen und Päng. Wie im Fernsehen.

Nein, für das alles bin ich zu feige. Lieber Schlaftabletten nehmen, Schnaps trinken und ab in die Badewanne. Sobald ich bewusstlos werde, sinke ich in das Wasser und ertrinke. Noch besser: Ein goldener Schuss! Wie beschafft man sich eigentlich Heroin? Zum Bahnhof gehen und rumfragen? Mich so richtig schön wegbeamen. Nein, geht ja gar nicht: Ich habe Angst vor Spritzen.

Das alles darf ich Eugen nicht erzählen, der macht sich sonst zu große Sorgen und steckt mich womöglich in die Psychiatrie: Gefahr der Selbsttötung ist eine Indikation für Zwangseinweisung. Nee, da will ich nicht hin.

Ich könne in sein Jugendzimmer ziehen und auch sein altes Klavier benutzen, sagt Eugen. Das wäre doch eine Alternative. Und ich wäre in der gleichen Stadt wie mein Bruder Jochen! Mensch, an meine Brüder habe ich überhaupt nicht mehr gedacht – so rar wie die sich machen, ist das auch kein Wunder.

***

Ich habe mit Jochen gesprochen. Er freut sich sogar, wenn ich bald in seiner Nähe wohne, und er will mich sogar unterstützen. Seine Bedingung: Ich muss es unseren Eltern sagen und nicht einfach verschwinden. Hatte ich auch gar nicht vor, wie kommt er bloß darauf? – Soll ich wirklich nach Hamburg gehen? Erst einmal alles hinter mir lassen wäre gut, meinte Eugen gestern. Aber ich nehme mich doch immer selbst mit, jammerte ich ihm vor. Er blickte mich nur schweigend an, und wieder hatte ich das Gefühl, dass er mir etwas verschweigt. Aber er rückt partout nicht mit der Sprache heraus, auch nicht, als ich ihn direkt dazu gefragt habe.

„Ich habe nichts zu sagen", meinte er lapidar. Ich habe nicht weiter nachgebohrt, will es mir mit ihm doch nicht verscherzen. Wahrscheinlich bilde ich mir eh mal wieder etwas ein, ich elendes Rindviech.

Mit dem Studienplatzwechsel ist das so eine Sache. Aber Eugen meint, sein Vater sei in einer Burschenschaft, und es lassen sich immer Türen öffnen, wenn man gute Verbindungen hat. Also gut, das glaube ich ihm mal.

***

Heute, am sonntäglichen Mittagstisch werde ich verkünden, dass ich ausziehen werde.

„Lea, hilf mir bitte auftragen", ruft meine Mutter aus der Küche. Es gibt Paprika-Gulasch. Meine Mutter kann circa 5 Gerichte gut kochen, eines davon ist Gulasch mit rotem Paprika und Nudeln dazu. Heute mit Brokkolicremesuppe als Vorspeise, die Nachspeise ist ein Zimtparfait aus der Tiefkühle.

Meine Mutter trägt einen blauen Glockenrock, dazu eine weiße Bluse, bestickt mit Rankenblumen im Folklorestil. Mein Vater kommt pfeifend aus dem Wohnzimmer, er trägt zu seiner schwarzen Jeans einen schwarzen Rollkragenpulli. Beide sehen umwerfend sauber aus. Alles so perfekt. Ich trage ein hellblaues weites T-Shirt und dunkelblaue Jeans, ebenfalls sauber und perfekt.

Blütenweiße, gestärkte Tischdecke, die weißen Servietten ebenfalls gestärkt und zusammengehalten von silbernen Serviettenringen mit eingravierten Namen. Fast gleichzeitig rollen wir die Servietten aus und legen sie auf den Schoß.

„Du hättest wenigstens am Sonntag einen Rock tragen können", tadelt meine Mutter mich und schöpft Suppe von der Terrine in die tiefen Teller. „Immer diese Jeans. Zusammen mit deiner Kurzhaarfrisur siehst du eher aus wie ein Junge, und nicht wie eine junge Frau." Mein Vater schaut mich prüfend an, und ich ducke mich ein wenig. Als ob das Ducken helfen könnte. „Ich bin eine Unberührbare", schießt es mir durch den Kopf. „Rührt mich nicht an, auch nicht mit euren Blicken, sonst besudele ich euch mit meiner unpassenden Kleidung und mit meinen schmutzigen Gedanken."

Meine Mutter wünscht einen guten Appetit, Vater und ich murmeln wie gewohnt das „Danke für das Kochen, und einen guten Appetit."

Beim Löffeln der Brokkolisuppe mache ich mir Gedanken, wie ich mein Anlegen am besten rüberbringe.

„Wusstet ihr, dass Brokkoli gesund ist und Krebs verhindern kann?", frage ich. Meiner Mutter fällt der Löffel in die Suppe, Suppenspritzer bespritzen das weiße Tischtuch. Mein Vater guckt mich erneut prüfend von der Seite an. Sie merken etwas.

„Ich werde ausziehen", verkünde ich und lege meinen Löffel auf den Tisch.

Meine Mutter blickt zu ihrem Mann, der weiter seine Suppe löffelt. Niemand spricht. Das habe ich nicht erwartet!

„Fragt nicht, wohin ich gehe. Ich habe meine Gründe, es euch nicht sagen zu wollen", stammele ich. Keine Antwort.

„Wenn ihr mir weiterhin den Geldbetrag überweist, den ich bisher bekommen habe, reicht mir das nicht. Ich brauche genau so viel Geld wie meine Brüder."

Ich blicke meinen Vater an, der in die Suppe starrt. Er ist ein schöner Mann, dunkle, fast schwarze Haare, vereinzelt mit Silberhaaren durchzogen, die Schläfen grau. Gerade Nase, hohe Stirn. Ob ich mich auch in ihn hätte verlieben können, wäre er nicht mein Vater?

In meinem Inneren jault alles auf. Ich falle in ein Schmerztal. Mein ganzer Körper von tausend Nadeln durchstochen. Im Hals ein Kloß, mein Magen rumort, und ich muss würgen.

„Entschuldigt mich!", rufe ich und eile in die Toilette. Dort erbreche ich das Gegessene.

***

Achim starrt an die Wand und sieht müde aus.

„Ich liebe dich, mein süßer Kater, meine kleine Hexe", sagt er leise. Stille. Endlich spricht er weiter: „Ich möchte, dass alles so bleibt, wie es einmal war mit uns. Aber das ist wohl unmöglich." Er blickt jetzt zu mir und seufzt. „Ich habe es gewusst, irgendwann musste ja der Moment kommen, an dem du dich deines Alters besinnst. Ich würde ja sogar alles aufgeben für dich, würde auch noch einmal ein Studium beginnen, nur um in dein Leben eintauchen zu können." Achim seufzt erneut. „Du wirst mir sehr fehlen", sagt er schleppend, sein Blick ist traurig. „Aber ich weiß, dass es nicht möglich ist, dich an mich zu binden, und es wäre auch nicht rechtens."

Ich muss jetzt weinen. Achim kommt und wischt mir die Tränen aus meinem Gesicht. „Weine nicht, meine kleine Hexe." Ich schluchze.

„Ich kehre zu meiner Familie zurück", sagt er nun.

Die er eigentlich nie verlassen hat, denke ich. Hat er sich überhaupt auf mich eingelassen? Was ist Partnerschaft? Wollte er jemals mit mir zusammenleben? Wollte ich es denn? Meine Gedanken überschlagen sich, während Achim seine Sachen zusammensucht. Er wird mir so fehlen.

Ein letzter Kuss, und er verschwindet hinter der Tür, auf Nimmerwiedersehen. Ich kenne weder seine Adresse noch seine Telefonnummer, nur seine Email-Adresse ist mir bekannt. Ich laufe auf den Hausflur, rufe hinter ihm her: „Das ist kein guter Abschied für mich, Achim!" Ich will hinter ihm herrennen, aber seine Antwort hält mich zurück.

„Leb wohl", ruft er in einem Ton, auf den kein „Auf Wiedersehen" folgen kann.

„Die Miete der Wohnung ist für die nächsten beiden Monate bezahlt", ruft er noch, dann verschwindet er endgültig aus meinem Leben.

***

In der großen fremden Stadt hoch im Norden bin ich zu mir gekommen. Stundenlang bin ich an der Elbe entlang gewandert, bei jedem Wetter, habe die Ozeandampfer beobachtet, wie sie an mir vorbeizogen, und habe den Seglern bei ihren Manövern zugeschaut. Von allen Gefährten auf dem Wasser haben mich die Windsurfer und Kitesurfer am meisten fasziniert. Wie bunte, flirrige Irrlichter auf dem Wasser kamen mir ihre Segel vor. Ich beobachtete, wie die Surfer spielerisch dem Sturm trotzten und auf den Wellen tanzten. Nein, sie tanzten nicht auf den Wellen, sondern sie surften auf ihnen, glitten in einem gewissen Moment nicht mehr hinab ins Wellental, sondern ritten oben auf der Welle und flogen durch die Luft. Schnell, leicht, frei. Und ich stellte mir vor, dass auch ich das können könnte: oben auf der Welle des Lebens surfen, ungeachtet der Wellentäler, in die mich meine Psyche immer wieder hineinziehen wollte. Dieses Bild hat mir sehr geholfen, und irgendwann stand der Entschluss fest: Ich wollte das Windsurfen lernen. Erst habe ich mit dem Wind an Land gespielt, habe mich ihm entgegengeworfen und mich von ihm treiben lassen. Mit dem Wind und gegen den Wind. Hart am Wind, mit halben Wind und mit dem Wind von achtern.

Im Sommer habe ich dann einen Kurs besucht. Es hat ein wenig gedauert, bis ich zu einer Wasserratte wurde, aber ich habe es geschafft! Eines meiner Segel ist in den Farben des Regenbogens, ein anderes ist schneeweiß, wie die Tischdecken daheim bei meinen Eltern.

Ich habe erst vor kurzem das weiße Segel gekauft. Wenn ich damit auf den Wellen tanze, denke ich an meine Eltern und stelle mir vor, dass ich irgendwann wieder in der Lage sein werde, ihnen zu begegnen. Aber es braucht noch Zeit! Mir geht es jetzt sehr gut, aber ich merke, dass ich noch nicht reif bin für den Weg nach München. Hier in der Ferne spüre ich wieder meine Liebe zu ihnen, aber sobald ich mir vorstelle, sie zu besuchen, bekomme ich Beklemmungen und einen Kloß im Hals.

Ich schreibe nach wie vor alles auf, was mir in den Sinn

kommt, mit Marlene, meinem Zwergkaninchen auf dem Schoß. Ich habe wieder ein Kaninchen – albern, was? Die Eltern von Eugen haben es mir gestattet. Sie sind überhaupt sehr nett zu mir, aber wir haben wenig Kontakt. Sie lassen mich einfach mein Leben leben.

Bolero

Barbara Zeizinger

Nie hätten die Eltern Daniel den Job erlaubt. Hätte sein Vater davon gewusst, wäre er wahrscheinlich verletzt gewesen. „Schule und Arbeit vertragen sich nicht" war schon früher einer der Familiensätze, die man nicht wiederholen musste, so selbstverständlich waren sie. „Gleichaltrige in Afrika wären froh, wenn sie nicht arbeiten müssten." Das sagte Daniels Mutter und bat ihn, ihr das Brot zu reichen. Das Abendessen als Familienrat, Grundsatzentscheidungen zwischen Butter und Käse, Haupt- und Nachspeise, je nachdem. Seine Mutter kochte gern. Ihre Kochbücher ordnete sie nicht nach Rezepten, sondern nach Farben. Als Daniel jünger war, sagte sein Vater oft zu ihm: „Heute gibt es rot" oder „Die Vorspeise kommt aus der blauen Abteilung." Schade, dass sie kaum noch zusammen aßen. Früher saßen sie lange beim Abendessen und erzählten sich, was sie tagsüber erlebt hatten. Manchmal redeten sie gleichzeitig und machten ein Spiel daraus, wer am längsten durchhielt, wobei die Eltern ihn meistens gewinnen ließen. Der große Esstisch stammte bereits aus ihren Studentenzeiten. Tausendmal musste er sich die Geschichte anhören, wie sie auf dem Dach ihres Polos den Riesentisch vom Trödler in ihre Wohnung transportiert hatten. Der Tisch passte überhaupt nicht zu den anderen aus Glas und Aluminium bestehenden Möbeln, richtig spießig sah er aus, aber seine Mutter wischte und polierte ihn ständig, und wenn sein Vater ausnahmsweise aus seinem Zimmer auftauchte, ließ er sich meistens dort nieder.

Blöd, dass Daniel gestern gleich aufgestanden war, als sein Vater sich zu ihm setzte. Aber was sollte er mit ihm reden? Als Daniel vor ein paar Wochen versucht hatte, ihm von seinen Schwierigkeiten in der Schule zu erzählen, hatte sein Vater ihn wie abwesend angelächelt und gesagt: „Ach komm, sprich von etwas Schönem." Daniel erzählte dann vom Club, aber nicht alles, sondern nur, welche Musik sie da spielten, obwohl er wusste, dass sein Vater keine der Gruppen kannte. Früher stritten sie beim Abendessen oft, weil seine Eltern immer behaupteten, die heutige Jugend hätte keinen Musikgeschmack. Doch dieses Mal wartete Daniel vergeblich auf einen Kommentar seines Vaters, daher war das Gespräch bald beendet. Vor ein paar Jahren mussten sie bei einer Bergtour auf einem Grat gehen. Daniel wollte nach der Hand seines Vaters fassen, doch dieser hatte ihn an seinem Gurt angeleint und ihn voraus gehen lassen. „Schritt für Schritt", hatte er gesagt, „nicht nach unten schauen, bis das Ende des Grates erreicht ist." Seltsam, dass ihm diese Tour einfiel, als er gestern seinen Vater allein am Küchentisch zurückließ.

Ein flüchtiger Blick auf die Prospekte, die griffbereit geordnet in einem Wägelchen lagen. Wenigstens regnete es noch nicht. Erst letzte Woche war Daniel die Karre am Bordstein umgekippt und der ganze Mist in eine Pfütze gefallen. Bei den Hochhäusern wurde er auf einen Schlag fast ein Drittel los, ruck-zuck, immer zwei gleichzeitig und kaum Briefkästen mit ‚Bitte keine Werbung', wie in dem Neubauviertel, das er sowieso nicht mochte, weil dort viele seiner Lehrer wohnten.

Er schluckte eine Tablette. Nur nicht aus dem Rhythmus kommen. Er hatte alles im Griff. Sollte er versetzt werden, würde er damit aufhören, kein Problem, da könnte ihm auch Paul nichts mehr aufquatschen.

Also zuerst die Hochhäuser und dann durch das Neubauviertel zum Ortskern. Hoffentlich hörten die Kopfschmerzen bald auf. Glücklicherweise kannte Daniel inzwischen den genauen Verlauf der Straßen, wusste, wo an den Häusern die Briefkästen angebracht waren. Und er war darauf gefasst, dass in manchen Gärten diese verfluchten Köter in Sekunden aus dem Nirgendwo angeschossen kamen. Schumannstraße 18. Das grau gemusterte Ungetüm dort, das jedes Mal über den Zaun zu springen drohte, hatte er Steini getauft, nach seinem Mathelehrer, den sie wegen des Aufklebers an seinem Auto so nannten. Einstein, wie er die Zunge herausstreckte.

Die Ampel an der Hauptstraße stand auf Rot. Morgen musste Daniel unbedingt eine Drei schreiben. Lineare Gleichungen, geometrische Lösungswege. Vier Blätter mit Aufgabenbeispielen zum Üben hatte Steini ausgeteilt.

Letzte Woche erst saß Daniel mit seiner Mutter im Elternsprechzimmer und Steini hatte seine Mutter fragend angeschaut und etwas von unerklärlichem Leistungsabfall gesagt. Doch sie schüttelte fast unmerklich den Kopf und schaute aus dem Fenster in den kleinen Park. Daniel war ihrem Blick gefolgt und während er den Flug einer Wolke beobachtete, hörte er Steini „auch in anderen Fächern" sagen. Daniel wusste nicht, wie er sich verhalten sollte, denn seine Mutter kramte bereits mit glänzenden Augen nach einem Taschentuch. Warum hilft sie mir nicht, hatte er sich gefragt, sie redete doch sonst so viel von Empathie, von wegen, dass die Jungs, die sie betreute, alle ihre Geschichten hätten. Typisch Sozialarbeiterin halt. Und seine Geschichte?

Als Steini sich mit seinem üblichen Mit-sechzehn-doch-langsam-für-sich-selbst-verantwortlich an ihn wandte, sah Daniel seinen Vater vor sich, wie er eine Zeit lang täglich zehn Zeitungen kaufte und an ihrem großen Esstisch die Anzeigen mit unterschiedlichen Farbstiften markierte. Von rot für unannehmbar bis grün für gut möglich, bis der Rotstift verschwand und mit ihm unannehmbar aus seinem Wortschatz. Daher hätte er Steini gern gesagt, er solle sein Maul halten, er könne nicht einmal ahnen, was bei ihnen zu Hause los sei, aber weil er wusste, dass seine Mutter sich dann schämen würde, schämte er sich ebenfalls und murmelte etwas von Lustlosigkeit. Steini schien erfreut zu sein, überhaupt eine Erklärung bekommen zu haben. Er gab ihm den Satz vom berühmten Zusammenhang zwischen Selbsterkenntnis und Besserung mit auf den Weg. Dann hatte er auf die Uhr geschaut und gewartet, bis es klingelte.

Bei den Hochhäusern ging es erwartungsgemäß schnell. Acht Stockwerke, das hieß 16 Briefkästen pro Hochhaus, das machte bei zwei Eingängen in wenigen Minuten 32 Prospekte. Seltsam, dass seine Eltern nichts von seiner häufigen Abwesenheit bemerkten. Früher wollten sie immer genau wissen, wo er war, wo die Party stattfand, mit wem er sich traf.

„So weit sind wir noch nicht", sagte sein Vater bei jeder Gelegenheit. Als dieser Satz zum ersten Mal fiel, verstand Daniel nicht, was damit gemeint war. Wie immer hatte er sich beeilt, pünktlich nach Hause zu kommen, doch zu seinem Erstaunen stand auf dem Esstisch keinerlei Geschirr, das er verteilen sollte, sondern vor seinen Eltern lag ein Stapel Zeitungen und er hörte seine Mutter sagen: „Notfalls ziehen wir eben um."

Er begriff nicht, wovon sie sprachen, bis sein Vater in betont munterem Tonfall sagte: „Daniel, sie haben deinen alten Vater rausgeschmissen!", was Daniel noch weniger verstand, denn sein Vater war erst 43 und hatte immer behauptet, eine gute Stellung zu haben. Tiefbau. Große Projekte. Krisensicher. Ein Job für Tüchtige.

„Jetzt wird erst einmal gegessen", hatte seine Mutter gesagt, die Zeitungen beiseite geräumt und Daniel gebeten, das gute Geschirr zu nehmen. Spaghetti und Pesto. Ein schlechtes Zeichen, fand Daniel, doch sein Vater holte aus dem Keller einen der Rotweine, die sie bei ihrer letzten Italienreise im Piemont gekauft hatten. Normalerweise ging Daniel das Getue, das sein Vater um Wein machte, das Öffnen, Abschmecken, Umschütten, auf die Nerven, doch als er dieses Mal zuschaute, wie sein Vater den teuren Wein ohne einen einzigen Kommentar in die Gläser füllte, hatte er ein ungutes Gefühl.

Der Bolero von Ravel. Sein Vater hatte die CD aufgelegt, die mehrere Interpretationen hintereinander spielte, und während sie ihre Spaghetti aßen, sagte er nur: „Hörst du, Daniel, immer die gleiche Melodie."

Nach jedem Besuch beim Arbeitsamt wurde sein Vater schweigsamer, und je öfter mit der Post ein DIN A4 Umschlag kam, desto seltener sagte seine Mutter: „Ingenieure werden doch gebraucht."

Daniels Mutter kochte mehr denn je. Obwohl sie ihre Stelle in der Jugendberatung aufgestockt hatte, wurden auf dem großen Tisch Abend für Abend neue Rezepte serviert. Aber sein Vater wollte immer häufiger nichts essen.

„Lasst mich in Ruhe!", schrie er. „Lasst mich alle in Ruhe!" Dabei sprang er so heftig auf, dass sein Stuhl umfiel.

Daniels Mutter brach in Tränen aus. „Ich weiß nicht mehr

weiter", schluchzte sie und klammerte sich an Daniel. Er schaute auf die vollen Teller. Sein Vater hatte sein Glas umgestoßen, sodass Rotwein auf den Boden tropfte.

„Mama, lass mich!" Daniel riss sich los, nichts wie weg.

„Mach' dich locker, Mann", sagte Paul, als Daniel zu ihm kam. Später trafen sie sich mit den anderen im Club, wo Daniel eine von diesen Tabletten schluckte.

Das Gummi, mit dem er seine Haare immer zu einem Pferdeschwanz zusammenband, war verrutscht. Es fehlten nur noch drei Straßen im Ortskern. Wenn er sich beeilte, blieb ihm genug Zeit zum Lernen. Ob er sich einen Spickzettel schreiben sollte? Am besten, er würde ihn offen auf den Tisch zu den Aufgabenblättern legen. Steini merkte sowieso nichts. Ihm war auch nichts aufgefallen, als Daniel zum ersten Mal die Unterschrift seines Vaters gefälscht hatte. 200 Euro für die Klassenfahrt. Die Ziffer stand fett gedruckt auf dem Papier, direkt über Unterschrift der Eltern. Ohne Zögern hatte Daniel den Schriftzug seines Vaters gewählt. Bloß nicht noch so eine Szene wie vor vier Wochen, als er seinen Vater gefragt hatte, ob er den Rollerführerschein machen dürfte. Fast alle in der Klasse hatten ihn. Keinen Cent hätten seine Eltern für die Fahrstunden bezahlen müssen, denn die Großeltern hatten ihm das Geld versprochen. Sein Vater hatte sich an den großen Tisch gesetzt und ganz leise gesagt: „Ich lasse mich nicht von anderen Leuten aushalten, das kommt überhaupt nicht in Frage." Wenn seinem Sohn der Führerschein so wichtig sei, würde er das Geld schon irgendwie zusammenkratzen. Daniel waren die Tränen gekommen. Jetzt sind wir so weit, hatte er gedacht, wenn schon die Großeltern andere Leute waren, aber dann hatte ihm sein Vater wieder leidgetan, weil er ja nichts für seine Arbeitslosigkeit konnte.

Das zweite Mal benutzte Daniel die Unterschrift seines Vaters, als er sich um den Job eines Prospektverteilers bewarb. Nun hatte er schon zweimal betrogen. Er wusste nicht, ob das schon Urkundenfälschung war, aber seitdem schlief er nachts schlecht, auch wenn er keine Tablette genommen hatte. In einer Zeitschrift aus der Apotheke hatte er gelesen, dass man tief durchatmen sollte, wenn das Herz zu schnell schlug. Er dachte sich Bilder aus, damit er einschlafen konnte. Sein Lieblingsbild war eine Fünfziger Vespa. Rot. Manchmal half es, dann kurvte er sozusagen in den Schlaf. Aber oft sah er die gefälschten Unterschriften vor sich. Wenn er dann noch hörte, dass auch seine Eltern nebenan nicht schliefen, aufstanden, laut redeten oder Türen zuschlugen, nahm er meistens doch eine Tablette, aber eine von denen, die ihn beruhigten.

Nur noch an der Eisdiele vorbei, dann war er fertig. Zum Glück, denn die Kopfschmerzen ließen nicht nach. Er könnte eine kurze Pause machen. Es sah sowieso nach Gewitter aus. Wie war das mit Blitz und Donner? Irgendetwas mit Lichtgeschwindigkeit. Lineare Gleichungen. Die vier Blätter schaffte er sowieso nicht mehr. Da konnte er ebenso gut auf einen Sprung zu Paul gehen.

Blutige Engel

Achim Stößer

Denn die Seele des Fleisches ist im Blut,
und ich selbst habe es euch auf den Altar gegeben,
Sühnung für eure Seelen zu erwirken.

3. Mose 17:11

Fensterläden wurden zugeschlagen, als wir kamen, Türen schienen keinen Knauf mehr zu haben, um sie zu öffnen, Schellen waren verstummt, das weißt du selbst, niemand wollte etwas wissen, niemand etwas gesehen oder gehört haben, niemand mit uns sprechen. Du bist umgekehrt, verständlich, doch ich ließ nicht locker, ich wollte, ich musste Patrick finden. Die Art, wie sie schwiegen, schien mir Hinweis genug, die Widersprüche der wenigen, ausweichenden Antworten verdächtig. Wie blind waren wir!

Trink doch einen Schluck! Nein? Vielleicht später.

Sie ist bewacht, die Grenze zum Viertel der Engel des Lichts, wie erwartet. Keinen unnötigen Kontakt mit den Mächten der Finsternis, hermetisch abgeschottet nach draußen, dank der Religionsfreiheit unbehelligt. Doch die Gemeinschaft ist zu klein, um sich selbst zu versorgen, etwas muss hineingebracht werden, Lebensmittel zumindest. Ja, tatsächlich, an der Kreuzung vor der Zufahrt hielt ein Kleinlaster, blinkte nach rechts, er wollte ins Viertel. Ich hatte keine Zeit zu verlieren – die Rotphase der Ampel würde nicht ewig dauern – erkletterte die Außenmauer. Im Graben dahinter kamen, natürlich, die Wachhunde angelaufen, blafften mich an, die Mauer zu übersteigen war zwecklos. Oben steckte sie voller Glassplitter, um Eindringlinge fernzuhalten, ich schnitt mich böse an der linken Hand, doch das hielt mich nicht ab. Eine alte Buche stand innen, ein großer Ast ragte über die Mauer, ein paar seiner Zweige lagen genau auf der Plane über der Ladefläche des Lasters. Ein Klimmzug, das Bein über den Ast geschwungen, ich kletterte hinüber, vom Laub, wie ich hoffte, vor Blicken verborgen. Der blaue Kunststoff war verdreckt, Regenwasser und modriges Laub hatten sich in der Mulde gesammelt. Es war mir gleich, ich dachte nur an Patrick. Über eine spätere Fluchtmöglichkeit machte ich mir keine Gedanken.

Die Wachen schienen den Fahrer zu kennen, ohne Probleme ließen sie den Wagen durch, kurz darauf hielt er vor einer Rampe, Gemüsekisten wurden ausgeladen. Vorsichtig spähte ich über den Rand. Hier oben durfte ich nicht bleiben, aus den oberen Stockwerken der umliegenden Gebäude konnte ich zu leicht entdeckt werden. Ich schob mich über die Kante, als niemand zu sehen war, klammerte mich mit den Fingerspitzen fest, um mit den Füßen dem Erdboden möglichst nah zu kommen, schrie fast vor Schmerz, als die Wunde belastet wurde, ließ mich fallen. Ich landete im Schlamm, meine Schuhe waren voller Matsch, doch meine Knöchel unversehrt.

Niemand schien mich bemerkt zu haben, ich ging, bemüht unauffällig, auf die nächste Ecke zu.

Was nun? Ohne Nachzudenken war ich hier eingedrungen, aber ich hatte keinen Plan, wie ich weiter vorgehen sollte. Was wusste ich schon über die Engel? Nur das, was in den Broschüren der Sektenberatungsstellen stand, geschrieben von katholischen und evangelischen Pfarrern – Böcke zu Gärtnern. Sie sprechen von der ‚*Verkündung neuer Offenbarungen, die die Bibel herabsetzen oder ergänzen*', ohne zu erkennen, dass sie selbst genau das tun, was sie anderen vorwerfen: einige alttestamentliche Gebote nach Gutdünken für ungültig erklären, sich aus den Evangelien das herauspicken, was ihren Zwecken dient, alles andere ignorieren. Was ist bibelkonform, weibliche Priester etwa? Ein päpstliches Oberhaupt?

Es waren nur wenige Menschen auf der Straße. Die, die mir begegneten, sahen mir nicht in die Augen, schienen mich überhaupt nicht wahrzunehmen, fast als wären sie apathisch. Dann kam ich zu einem Pool, einem dieser abscheulichen, nierenförmigen, türkisen, nach Chlor stinkenden Dinger. Gut drei Dutzend Kinder waren da, die jüngsten keine zwei, die ältesten nicht mehr als zwölf Jahre alt, keines getauft. Aber kein Schreien, Kreischen, Plantschen war zu hören, sie saßen nur um das

Becken, ein paar schwammen ruhig und mit gleichmäßigen Zügen darin. Nach dem Regen ein paar Stunden zuvor kam es mir viel zu kalt vor, nur in Badesachen oder gar im Wasser, ich in meiner von der Pfütze auf dem Lastwagen durchnässten Kleidung fröstelte, doch keines der Kinder schien sich daran zu stören, vielleicht war die Sonne ja auch gerade erst hinter den Wolken verschwunden, ich hatte nicht darauf geachtet. Eines der Mädchen hielt einen Block auf den Knien, einen Buntstift in der Hand. Ich ging zu ihm hin und fragte sie, was sie malte.

„Ich zeichne", verbesserte sie mich abwesend, völlig in ihre Arbeit vertieft. Sie mochte neun oder zehn sein. Dann sah sie auf und starrte mich an, als hätte sie einen Geist gesehen. Wirklich, sie zeichnete, mit Holzbuntstiften, aber sie hatte auf dem Bild fast fotografisch genau die Kinder um sie herum dargestellt, mit allen Schattierungen plastisch herausgearbeitet, Licht und Schatten, perfekte Perspektive, räumlich verteilt, die weiter entfernten kleiner und näher beim oberen Rand. Aber sie waren freigestellt, alles um sie herum war weiß, als hätte sie die Figuren aus Illustrierten ausgeschnitten und auf ein leeres Blatt geklebt. Sie schwebten im Nichts. Und keine hatte einen Mund. Dann sah sie hinter mich, warf mir einen undeutbaren Blick zu und fuhr in ihrer Arbeit fort.

Zwei Männer näherten sich uns von hinten – mir, ich ging weiter und sie beschleunigten ihren Schritt. Ich lief auf ein Gebäude zu, durch die Tür – bei den Engeln gibt es keine verschlossenen Türen – ein Treppe hinauf. Ich hetzte nach oben, frag nicht, warum, dritter Stock, vierter. Außer Atem fand ich mich in einem Raum wieder, der angefüllt war mit Videoausrüstung: Monitore, Rekorder, Kameras. Ich dachte, dass etwas davon unserem Sohn gehören konnte, untersuchte alles, vergaß völlig meine Verfolger, stellte die Handycam, die ich in der Hand hielt, als ich Schritte auf der Treppe hörte, ins Regal zurück.

Sie kamen herein, sagten kein Wort, musterten mich nur. Der eine schlug mir mit der Faust ins Gesicht, der andere kam ihm zu Hilfe, ich erinnere mich kaum, sie schlugen mir nur ins Gesicht, vielleicht traten sie mich auch ein paar Mal in die

Rippen, als ich am Boden lag, zusammengekrümmt, die Arme schützend um den Kopf. Hier, zwei Schneidezähne hat mich das gekostet, siehst du, mein Auge ist noch immer geschwollen, die Hände auch, meine aufgeplatzten Lippen rühren daher. Ich sehe furchtbar aus, nicht?

Ich muß das Bewußtsein verloren haben, als ich zu mir kam, waren sie weg. Ich quälte mich auf die Füße, schaltete die Kamera aus und nahm die Kassette heraus, was nicht leicht war mit den zerschundenen Fingern. Aber das Objektiv hatte in eine günstige Richtung gezeigt, zumindest, als ich noch gestanden hatte; wie ich am Boden lag, konnte die Aufnahme nicht zeigen, immerhin mein Gesicht.

Ich ging zur Tür, sie ließ sich nicht öffnen. Ein Scharren draußen, sie ging auf, ich sah ein Mädchen, den Stuhl in den Händen, den sie unter die Klinke gekeilt hatten, damit ich sie nicht herunterdrücken konnte. Es war das Mädchen, das am Pool gezeichnet hatte, sie hatte sich umgezogen, doch ich erkannte sie gleich wieder. Sie ließ den Stuhl los, wich einen Schritt zurück und presste sich gegen das Treppengeländer.

„Hilf mir", sagte sie leise. „Bring mich weg von hier."

Ich wusste nicht, was ich sagen sollte. „Ich kann nicht, ich ..." Die Haustür ging auf, jemand kam herein. Ich spähte nach unten, konnte aber nichts entdecken, es war zu dunkel. „Ich komme wieder, das verspreche ich. Ich hole dich heraus."

Sie biss sich auf die Unterlippe. Dann zeigte sie den Korridor entlang. „Die Hintertreppe", flüsterte sie.

Ich wollte schon gehen, hielt noch einmal inne. „Wie heißt du?"

„Zilla. So hieß eine der beiden Frauen Lamechs."

Ich gab ihr die Kassette. „Zilla, wenn etwas schiefgeht ...", sagte ich leise. „Steck das in einen Umschlag, schreibe ‚Polizei' darauf und versuche, es im Lastwagen eines Händlers zu verstecken." Da keiner der Engel des Lichts das Viertel verlässt, dachte ich, konnte der Fahrer nur ein Außenseiter sein, die Kinder gehen nicht an öffentliche Schulen, auch Kranke werden innerhalb der Mauern behandelt.

Sie sagte nichts.

„Du kannst doch schreiben?"

„Natürlich!" Sie war entrüstet, flüsterte aber noch immer. „Ich habe schon alles kopiert bis Josua und gerade mit dem Buch der Richter angefangen."

Schritte wurden auf der Treppe laut, sie schlüpfte durch eine der Türen, und ich lief in die Richtung, die sie mir gezeigt hatte. Ich flog förmlich die Treppe hinunter, landete in einem Hof. Ein Fahrrad stand dort, es war nicht abgeschlossen, ich schwang mich in den Sattel, ohne Helm fühlte ich mich nackt, doch ich raste davon, trat in die Pedale, dass sie knackten, gelangte an die Schranke, viel zu schnell, kam es mir vor; sie war eine Sperre für Autos, doch mit dem Fahrrad, hoffte ich, würde ich durch die Lücke kommen. Die Wachen bemerkten mich, jemand warf mir einen Stock zwischen die Speichen, das Rad bockte wie ein Wildpferd beim Zuritt, ich stürzte, die zwei Wachtposten packten mich, ich kam nicht gegen sie an. Da sah ich meine Verfolger. Du weißt, welche Angst ich früher schon immer gehabt habe, wenn ich eine Spritze auch nur sah – selbst in der Hand einer Krankenschwester, von der ich wusste, dass sie mir nur helfen wollte. Und nun hatte einer der beiden, die hinter mir her waren ... – ich war in Panik, wehrte mich verzweifelt, wand, schlug um mich. Hätte ich nur gewusst ...

Wir haben uns nicht getäuscht. Patrick ist wirklich hier.

Ich habe mir die Kassette von Zilla selbstverständlich wiedergeholt. Was sie taten, geschah schließlich nur zu meinem Besten. Dass das Mädchen übers Geländer gestürzt ist, war ein Unfall. Nicht zu vermeiden. Ich bitte dich, trink einen Schluck, den Knebel kann ich dir abnehmen. Warum sträubst du dich so? Das Blut birgt Seele, begreifst du nicht? Zilla soll in uns weiterleben.

Ah, da kommen sie endlich mit deiner Spritze, keine Angst, in ein paar Augenblicken ist alles vorüber, dann bringen wir dich zur Taufe in die Kapelle, und auch du wirst das Licht sehen.

Nicht einen Schuss Pulver wert

Sandra Hlawatsch

Sally schaut auf die Uhr. Mist! Es ist schon halb vier. Jeden Moment muss der Vater aus der Frühschicht kommen. Jetzt aber schnell! Hastig schlüpft sie in ihre bunt gestreifte Sporthose, zieht ein altes T-Shirt darüber und schnappt sich ihren Walkman und ihre Lieblingskassette. So ein Pech auch, die Batterien haben kaum noch Saft. Sie flitzt die Treppen hinunter, wühlt im Küchenschrank zwei neue Batterien hervor. Jetzt aber wirklich nichts wie weg! Sie saust hinunter in den Keller, sperrt eilig die Tür auf – die ersten Regentropfen klatschen auf die Fliesen. Aber das macht nichts, Hauptsache sie kommt für ein paar Stunden fort. Sally packt ihr Fahrrad und schleppt es die steile Treppe hoch. Sie durchquert den kleinen Garten, wirft das Türchen hinter sich zu und schielt vorsichtig hinüber zur Garage – die Luft ist rein. Dalli, dalli! Sie schwingt sich auf ihren „Pegasus", tritt kräftig in die Pedalen und fliegt in Windeseile davon ...

Bloß gut, dass ich dem Vater gerade noch entkommen bin, denkt Sally. Wer weiß, was für eine Laune er heute wieder hat. Entkommen – wie sich das anhört! Als wäre sie um ein Haar in die Fänge einer Bestie geraten. Ihre beste Freundin, damals in der Grundschule, hat ihr einmal erzählt, dass sie sich jeden Tag darauf freut, wenn ihr Papa endlich von der Arbeit nach Hause kommt. Das hat Sally nicht verstanden. Wie sich ein Kind auf den Vater freuen kann. Sie hat ihre Freundin gefragt, ob sie keine Angst vor dem Vater hätte. Das Mädchen hat sie seltsam angesehen und gesagt: „Was für eine Angst? Mein Papa beschützt mich doch." Über diesen Satz hat Sally lange nachgedacht. Viele Jahre, immer wieder. Da stimmte doch etwas nicht. Und allmählich fing sie an zu begreifen, dass es mindestens zwei Arten von Kindern gibt: Kinder wie sie, die Eltern haben – und Kinder wie ihre Freundin, die ein Zuhause haben.

Sally mochte es gar nicht, wenn sie am Nachmittag bei ihrer Freundin war und dieser Papa kam plötzlich dazu. Manchmal spielte er dann mit ihnen. Ihrer Freundin schien das zu gefallen. Sie alberte wild mit ihm herum und lachte dabei laut und schrill. Bisweilen kam es Sally so vor, als wäre sie nicht mehr vorhanden. Zugegeben: Eigentlich war dieser Papa auch zu ihr sehr nett. Er bot ihr oft Eis oder Schokolade an. Aber Sally konnte sich nicht helfen: Sobald dieser fremde Papa auftauchte, fühlte sie sich, als ob ihr jemand den Hals zudrückte, sie bekam kaum noch ein Wort heraus. Und jede Bewegung fiel ihr so schwer, als wären ihre Knochen aus Blei. Die Freundin merkte es wohl und fragte: „Was hast du denn auf einmal?" Sally sagte vorwurfsvoll: „Hat dein Vater nichts anderes zu tun?" Da war ihre Freundin sichtlich erstaunt: „Wie meinst du das? Spielt dein Vater etwa nie mit dir?" Darauf wusste Sally nichts zu antworten. Ihre Augen wurden ganz heiß, und sie schwieg.

Was hätte die Freundin von ihr denken sollen, wenn Sally geradeheraus gesagt hätte: „Wenn mein Vater nach Hause kommt, gehen wir immer alle in Deckung!" Ob ihre Freundin das verstanden hätte? Wohl kaum. Sally hat ja selbst nie verstanden, was der Vater eigentlich meinte, wenn er sagte, dass er es mit ihnen zu Hause nur genauso mache, wie man es mit ihm in der Fabrik macht. Sally wusste dann nicht, ob ihr der Vater leid tun sollte, weil er soviel ertragen musste, damit sie jeden Tag etwas auf dem Teller hatten. Aber so manches Mal hätte sie lieber gehungert, als sich bei Tisch immer wieder die Streitereien der Eltern anzuhören. Sie hatte recht schnell begriffen, dass es für sie ratsam war, den Mund zu halten. Noch besser wäre es wohl gewesen, Sally hätte sich unsichtbar gemacht. Und hätte sie nur gewusst, wie sie es anstellen sollte, sie hätte es getan. Die Mutter hatte ihr einmal gesagt, der Vater habe keine Kinder gewollt. Deshalb reichte es schon aus, wenn sie ihm unter die Augen kam – und ein Donnerwetter brach über sie los!

Zur Zeit hat der Vater es mit dem Fahrrad. Hätte er Sally noch erwischt, hätte er ihr wieder eingeschärft, nicht über die Feldwege zu fahren, weil das Fahrrad sonst dreckig wird. Wie oft hat Sally ihm schon erklärt, dass sie nicht auf der Straße fahren kann, weil das mit Musik zu gefährlich ist; dann soll sie ihren Dudelkasten eben zu Hause lassen, davon gehen ohnehin nur die Ohren kaputt; wenn ihr das Radfahren dann aber bloß noch halb soviel Spaß macht; sie soll sich da keinen Mumpitz einbilden – und überhaupt: Ihre Probleme möchte er haben! Wenn er das Rad wieder putzen muss, sperrt er es weg; sie hat ihn aber nie darum gebeten, ihr Rad zu putzen; das sieht ihr wieder ähnlich, so einen verdreckten Ackergaul spazieren zu fahren; ein Fahrrad ist, wie der Name schon sagt, zum Fahren da – und nicht zum Putzen; sie hat eben noch nie hart arbeiten müssen, sondern sitzt sich bis zum Abitur auf der Schulbank ihren Hintern platt und spitzt vor lauter Langeweile ein paar Bleistifte.

Was da vor sich geht, darüber wird nicht gesprochen. In Sallys Familie ist es nicht üblich, miteinander zu reden. Zwischen ihren Eltern gibt es nur gleichgültiges Schweigen oder aufgebrachtes Schreien. Der Vater sitzt meistens unten im Wohnzimmer vor dem Fernseher und zappt sich wahllos im Sekundentakt von einem Sender zum nächsten. Nach oben in Sallys Zimmer kommt er selten. Aber wenn er kommt, dann kann sie sicher sein, dass er wieder schlechte Laune hat und nicht weiß, wohin damit. Kaum hat er ihre Zimmertüre aufgestoßen, beginnt auch schon die übliche Prozedur: Der Vater schimpft Sally aus, dass sie sein so schwer verdientes Geld dauernd für Klamotten und Platten verschleudere – ganz gleich, ob sie sich im letzten halben Jahr überhaupt etwas Neues gekauft hat oder nicht. Nebenbei macht der Vater seinen Kontrollgang, öffnet ihre Schubladen und Schränke – gerade so, wie es ihm in den Sinn kommt. Wenn sie etwas dagegen zu sagen wagt, macht er sie sofort mundtot: „Solange du die Füße unter meinem Tisch hast ...“

Der Vater findet an Sally immer etwas auszusetzen. Ganz gleich, wie sehr sie sich auch bemüht, sie kann es ihm einfach nie recht machen. Sally hat keine Ahnung, wohin der Vater eigentlich schaut, wenn er sie anschaut. Gesehen fühlt sie sich jedenfalls von ihm nicht. So ziemlich alles, was er über seine Tochter zu sagen weiß, ist: In ihrem Zimmer sieht es ständig aus wie in einem Saustall, sie hört irgendeine grässliche Negermusik und kommt in ihren engen Jeanshosen daher wie ein Flittchen. Bei allem hat sie zwei linke Hände und ist – alles in allem – nicht einen Schuss Pulver wert. Bei jeder Strafpredigt beißt Sally sich fest auf die Lippen und hält stand, ohne jede Miene zu verziehen. Erst hinterher nimmt sie ihren Teddybär und heult unter der Bettdecke. Doch sooft sich Sally auch vornimmt, dass sie von nun an nichts mehr spüren will – diese Sätze, die der Vater zu ihr sagt, sind wie mit dem Brenneisen in ihr Hirn eingebrannt.

Papa – wie das schon klingt! Nie im Leben käme ihr dieses peinliche Wort über die Lippen. Wenn es sich nicht vermeiden lässt, nennt sie ihn Vater. Aber heimlich nennt sie ihn immer nur „den Alten" – das bringt ihr immerhin einen kleinen Triumph. Wenn die Mutter das hört, ermahnt sie Sally stets, nicht so respektlos zu reden. Aber selber beschimpft sie ihn im Streit öfter als einen „alten Hurenbock". Wenn die Eltern sich streiten, kommt nie etwas dabei heraus. Sie drehen sich seit Jahren im Kreis. Hinterher beklagt sich die Mutter jedes Mal bei Sally über ihren bösen Vater, und es dauert nicht lange, da kommt der Vater zu ihr und lästert über ihre dumme Mutter. Und zuletzt ist ja doch wieder nur Sally an allem schuld! Es fällt ihr leicht, den Vater zu hassen, aber die Mutter zu hassen ist so gut wie unmöglich. Schließlich ist die Mutter ja selbst arm dran. Der Vater sagt ihr ins Gesicht, dass sie den Kopf nur am Hals hat, damit es ihr nicht hineinregnet. Doch ist sie ihm gut genug dafür, dass sie putzt, kocht, wäscht sowie auch noch für so manches andere. Und sonntags am Frühstückstisch lässt sich der Vater darüber aus, dass die Mutter ja nicht einmal dafür taugt. Wenn ich nur die verdammte Schule schon fertig hätte, denkt Sally oft, dann könnte ich endlich ausziehen und mein Leben leben. Zugleich ahnt sie jedoch, dass sie weder von den Eltern noch von den Lehrern etwas gelernt hat, das ihr dabei helfen würde, ihren Weg zu finden. Sie ist wie ein unerfahrener Wanderer, der sich ohne Karte und Kompass ganz allein durch den Dschungel des Lebens schlagen muss. Ihr Ziel hat sie ganz klar vor Augen: Sie will glücklich werden. Aber wie sie dahin gelangt, das ist eine knifflige Aufgabe, die ihr noch bevorsteht. Ihre einzigen Helfer, die sie um Rat fragen kann, sind schon lange tot. Nur ihre Bücher sind geblieben. Sally erinnert sich, dass sie im Deutschunterricht mal einen Schriftsteller gelesen haben, der auch eine Menge Probleme mit seinem Vater hatte. Über seine Texte konnte sie nur den Kopf schütteln, aber sein Gesicht hat sich ihr tief eingeprägt: Zuerst war sie ja an seinen abstehenden Ohren hängen geblieben, und dann hatte sich ihr suchender Blick in seinen dunklen Augen verfangen, die sie so eindringlich anschauten, als könnte sie nichts vor ihnen verbergen.

... Jetzt ist Sally draußen in der Natur und radelt das Flussufer entlang – der Strömung entgegen. Ihr fällt ein, dass der Vater ihr den Walkman vor etlichen Jahren zum Geburtstag geschenkt hat. Sie hatte große Augen gemacht, weil er ganz neu war. Gewöhnlich macht der Vater ihr nur Geschenke, indem er sich seine alten oder halb kaputten Sachen abringt, die er zum Wegwerfen noch viel zu schade findet. In Sally erwachte damals die Hoffnung, der Vater könnte ja vielleicht doch etwas verstanden haben. Inzwischen hofft sie nicht mehr. Sie begnügt sich mit dem Walkman, der sie auf ihren Ausflügen begleitet. Sobald sie die vertrauten Klänge hört, gibt ihr das so viel Kraft, dass die Landschaft fast mühelos an ihr vorüber zieht. Sally träumt sich weit weg, in eine ferne Zukunft. Und da nimmt sie auch ein dreckiges Fahrrad mitsamt einer neuen Standpauke hin, um eine Weile ungestört in dieser magischen Welt zu schwelgen.

Der Sohn!

Johannes Zenker

Sie drückte auf die Bremsen, brachte den Wagen zum Stehen und schaltete den Motor, das Herzstück ihres Autos, ab. Dann richtete sich Maria wieder an ihre Tochter, die sie soeben vom verabredeten Treffpunkt abgeholt hatte, und streichelte ihr sanft über das Bein.

„Das wird schon, meine Liebe, habe noch etwas Geduld", sagte sie mit beruhigender Stimme.

„Das glaube ich eben manchmal nicht, Mum", erwiderte Lara und blickte niedergeschlagen auf ihren Schoß. Sie war auf einer Party gewesen und hatte diese, wie immer, wenn sie überhaupt mal derartige Feiern besuchte, pünktlich um null Uhr verlassen, um ihre Mutter nicht warten zu lassen.

Maria fasste ihrer Tochter ans Kinn, blickte ihr liebevoll lächelnd in die Augen und sagte entschlossen: „Das kommt ganz von selbst, vertrau mir nur!"

Bereits an ihrer zaghaften Art, die Autotür zu öffnen, hatte Maria erkannt, dass irgendetwas Lara bedrücken musste, weshalb sie auf der Stelle den dafür verantwortlichen Ursachen auf den Grund zu gehen beschloss. Und Lara wusste, dass sie ihrer Mutter nichts vorzumachen brauchte, wie diese es im Übrigen genauso wenig täte, und berichtete von ihrem Abend. Sie hatte sich einfach mal wieder zu schüchtern verhalten und sich nicht getraut, ihren langjährigen Schwarm in ein Gespräch zu verwickeln, ja, hätte vermutlich sogar, wenn er sie angesprochen hätte, abgewinkt.

Stattdessen ließ sie anderen Mädchen den Vortritt und musste, ruhig auf einem weichen Sofa in einer verdunkelten Ecke hockend, mit ansehen, wie er, soweit sie wusste, zum ersten Mal ein Mädchen küsste. Das zerbrach ihr das Herz. Solange auch er in keiner Beziehung steckte, war ihre von Träumen und Hoffnungen erfüllte Welt in Ordnung gewesen. Nun begann sie, langsam in sich zusammenzubrechen, und es schmerzte schlimmer denn je, andere Mädchen ihre Interessen derart selbstbewusst vertreten zu sehen, während sie vor Scham erstarrte.

Maria war dankbar, dass Lara ihre Sorgen, anstatt sich wie andere 17-Jährige zurückzuziehen, bereitwillig mit ihr teilte. Sie wusste genau um die Schwächen ihrer Tochter, waren es doch zum Großteil ihre eigenen, und verstand sie daher umso besser. Lara kam eben ganz nach ihr und war nicht nur äußerlich eine echte Eckhof. Ein wenig besorgt zeigte sie sich dennoch ob ihres schwermütigen Wesens sowie des Umstands, dass dieses unbestimmte Glänzen aus dem hintersten Winkel ihrer rechten Pupille niemals ganz verschwunden war. Ihr fehlte einfach das Vertrauen – ein bisschen in sich selbst und in die Jungs ...

Totz allem war Maria in erster Linie stolz darauf, zu welch einer verantwortungsbewussten und bescheidenen jungen Frau sich Lara in den letzten Jahren entwickelt hatte. Sie ging in die Stadt auf ein Gymnasium und stand dort kurz vor ihrem Abitur. Aus diesem Grund hatte sie auch heute wieder einige Bewerbungen an Universitäten in ganz Deutschland verschickt. Außerdem waren ihr Einsatz im Haushalt und die Hilfe bei der Erziehung ihres vier Jahre jüngeren Bruders Timo, der zusammen mit ihnen in der Dreizimmerwohnung lebte, beeindruckend.

Als sie ihre Gespräche beendet hatten, öffneten die beiden ihre Türen und beabsichtigten, das Auto zu verlassen. Ein Warnsignal ertönte: Maria hatte vergessen, das Standlicht auszuschalten.

Den Weg zum Eingang legten sie rennend zurück, um dem prasselnden Regen möglichst trocken zu entrinnen. Dort stand unübersehbar Timos Fahrrad, das dieser – wie eigentlich immer – draußen stehen gelassen hatte und welches in der Zwischenzeit ganz nass geworden war. Unzählige Male bereits hatte Maria ihn angewiesen, es vor Anbruch der Dunkelheit in den Keller zu bringen, aber viel zu selten leistete er diesem Ansinnen Folge.

„Ich trage es kurz runter, Mum", versuchte Lara angesichts des genervten Ausdrucks ihrer Mutter sofort zu beschwichtigen.

Doch Maria winkte ab. Sie ließ es lieber im Regen stehen

und drückte stattdessen ihre Tochter für einen Augenblick an ihre Brust.

„Ich hab dich lieb", flüsterte sie, und Lara gluckste einmal leise auf. Sie fühlte sich bei ihr sicher.

Über ihrem Klingelschild, dem mit dem langen Namen, drückte Maria auf den Knopf, der im Treppenhaus das Licht entzündete. Dann öffnete sie die Tür und die beiden gingen hinein. Vor ihrer Wohnungstür wurden sie von einer flackernden Birne überrascht; das Schloss bereitete dafür nur wenige Probleme. Es klemmte dann und wann, doch heute ging es leicht.

Timo lag schon lange im Bett. „Zumindest möchte er uns das glauben machen", dachte Maria beim Blick an dessen Zimmertür. Überprüfen tat sie es nicht.

Während Lara duschte, bereitete sie im Wohnzimmer ihre Schlafnische vor und freute sich über die auf dem Tisch liegende Wäsche. Drei Stapel mit Tüchern lagen säuberlich beieinander. Lara musste sie am Nachmittag gewaschen und gefaltet haben ... Maria war so dankbar für die Bemühungen ihrer Tochter, ihr das Leben, so gut sie es vermochte, zu erleichtern, denn sie selbst hatte alle Hände voll damit zu tun, für ein ausreichendes Einkommen zu sorgen. Ja, Lara und sie waren ein wirklich tolles Team, und besonders glücklich machte es Maria, wenn sie ihrer Tochter, wie vorhin, viel mehr wie eine Freundin denn als eine Mutter zur Seite stehen durfte.

Nachdem Lara das Badezimmer verlassen hatte, nahm ihre Mutter sie ein letztes Mal in den Arm.

„Gute Nacht, mein Schatz", flüsterte Maria und gab ihr einen Kuss auf die Stirn. Sie verstand nur allzu gut, aus welchen Gründen das Duschen heute ausnahmsweise etwas länger als sonst gedauert hatte ...

***

Wieder saß Maria in ihrem Auto und fuhr mit langsamer Geschwindigkeit auf den vom Regen durchnässten Parkplatz. Sie trug ein Lächeln auf den Lippen, das jedoch jäh verstummte. Sie hatte ihre Tür geöffnet, und wieder ertönte das Warnsignal.

Maria erschrak und löschte hastig das Licht. Doch das Signal schrillte weiter. Nervös drückte sie auf alle Knöpfe, probierte immer andere, aber keiner brachte das Lärmen zum Stoppen. Immer stärker dröhnte es in ihrem Kopf, vergeblich hämmerte sie ihn gegen die Armatur. Dann sank sie in ihren Sitz und blickte zur Seite. Dort saß Timo auf dem Beifahrerplatz und grinste sie aus seinen fremdartigen Augen an. Es war nur ein Streich, das Lärmen hörte auf.

Sie stiegen aus, jeder an seiner Seite. Und es war kühl. Maria verschloss ihre Jacke – Timo ließ seine offen. Vor der Tür wollte er sprechen, doch seine Mutter rasselte gegen das Fahrrad und schickte ihn, es in den Keller zu schaffen. Maria wusste nicht viel von seinem Abend, außer dass er ihn mal wieder mit seinen Klassenkameraden von der Dorfschule verbracht hatte ... Noch immer flackerte die Lampe im Flur, und auch das Schloss erwies sich heute als störrisch. Als Maria endlich mit vollem Umfang in der geöffneten Wohnungstür stand, kam Timo langsam mit zusammengezogener Miene nach oben. Er verabschiedete sich mit wenigen Worten unter die Dusche, während seine Mutter sich entschloss, nach Lara zu schauen.

Aber nachdem sie ihre Zimmertür geöffnet hatte, wich sie erschrocken zurück. Timos Schulsachen übersäten ungeordnet den Teppich, und Poster von Schauspielerinnen überlagerten die einstmals sorgsam ausgewählte Tapete.

„Wo ist nur meine Tochter?", sprach Maria mit zittriger Stimme in die ungewohnte Einrichtung hinein. Dann rannte sie ins andere Zimmer. Doch alles leer! Es stand bloß eine aufklappbare Liege dort ... alles war provisorisch ... und überall Kartons, aus denen Kuscheltiere und Erinnerungen quollen. Sie stieß einen kurzen und kreischenden Schrei aus, bevor sie zurück in den Flur taumelte, wo ihr Timo mit erhobenen Händen und auf die Brust gepresstem Kinn eine gute Nacht wünschte. Nach einem kurzen Moment verschwand er in sein Zimmer.

Wie sah Lara überhaupt aus? Nirgends stand ein Bild von ihr ... in den Rahmen im Flur bloß überall Timo! ... hier allein, und dort am Raufen mit seinen Kumpels ...

Schweißgebadet stolperte sie ins Wohnzimmer, wo Berge

von Wäsche verstreut auf dem Boden lagen. – Doch was war das? Ein leuchtender Brief, der lockend auf dem Esstisch thronte. Sie wollte zu ihm, drängte in dessen Richtung, aber blieb in dem Gewühl aus Kleidung stecken. Keinen Schritt gelangte sie vorwärts, drohte ständig im Boden zu versinken und verfranste sich erneut in den Klamotten.

Völlig außer Atem erreichte sie das Kuvert, besah den Absender und ließ es sogleich wieder fallen. Der Brief stammte von Lara, aus einer Stadt von auf der anderen Seite des Landes. „Hallo Mama, mir geht es bestens", stand darin in großen Lettern geschrieben. Verzweifelt griff sie zur Zigarettenschachtel daneben; sie hatte doch so lang nicht mehr geraucht ...

Maria schreckte hoch, sie hatte geträumt ... Ohne bereits bei Sinnen zu sein, warf sie mit hektischen Bewegungen die schwere Decke von ihrem Körper und rannte in Richtung Balkon. Auf dem Weg dorthin stieß sie gegen den Tisch und schubste einen Stapel mit Tüchern zu Boden. Schmerzverzerrt sah sie zurück, und ihre Augen fielen für einen kurzen Moment auf das von ihr verursachte Chaos. Doch sie ließ es liegen, wandte sich ab und hebelte gewaltsam die Balkontür aus ...

Rhododendronblüte

Helga Kolb

Da gehe ich mit einer, die angibt, meine Tochter zu sein. Wie kommt sie darauf? Die Rhododendren stehen in voller Blüte. Wäre sie meine Tochter, sie trüge Blüten im Haar und ihr Lachen liefe ihren Schritten voraus.

Ein Betrunkener torkelt uns entgegen, bleibt stehen und starrt mir ins Gesicht. Der Teufel, lallt er und deutet auf die Frau neben mir. Dann spuckt er dreimal über seine Schulter, bekreuzigt sich und schlurft so schnell er das in seinem Zustand kann, seiner Wege.

Während sich die Sonne durch Wolkenbänke kämpft und der Tag sich klar von der Nacht abhebt, wird mein Blick immer trüber. Es sei der Sehnerv, heißt es. Was kann mein Auge nicht mehr sehen, was es so nervt, dass der Sehnerv aufgibt?

Ich nehme die Schritte wieder wahr, die Schritte dieser fremden Frau, die neben mir her laufen, als seien sie mein Schatten. Ich bleibe stehen, betrachte mit trübem Blick diese Frau und beobachte staunend, wie sie immer verschwommener wird und schließlich aus meinem Blickfeld verschwindet.

Dieser Augenblick verharrt und mit ihm der Wunsch, ihn festzuhalten in den kommenden Tag.

Man sollte es für sich behalten. Die Übermüdung der Seele zeigt ein Panorama auf, vor dem sich die Szenen abspielen. Die Zuschauer applaudieren, während der Protagonist hinter der Bühne vor Erschöpfung zusammenbricht. Der Vorhang fällt, die Schauspieler haben sich nichts mehr zu sagen.

Gedankengänge
Erfahrungen

Anderssein

Brigitte Adam

Wer nicht anders sein will als seine Eltern, ist nicht normal ...

Das gehört einfach dazu zum Erwachsenwerden, ausbrechen aus den ausgetretenen Pfaden, rebellieren gegen die Erziehungsmaßnahmen der Alten, seine eigene Meinung haben und versuchen, diese durchzusetzen. Mit den Alten kann man nicht reden, die haben kein Verständnis für die Jugend, welche Probleme die mit sich rumschleppen müssen. Die sind einfach verkalkt.

Dabei waren wir gar nicht so alt, als wir Eltern wurden. Wir wollten nur das Beste für unser Kind, zumal es unser einziges bleiben sollte. Auch wir wollten eigentlich nichts so tun wie unsere Eltern. Gut behütet wuchs unser Kind auf, hatte es auch besser als so manches Kind in der zu beobachtenden Nachbarschaft. Vielleicht führte das dazu, dass sie doch während der Schulzeit hin und wieder aufmüpfig den Lehrern gegenüber war. Aber die Leistungen waren o.k. – bis Sunnyboy Markus in die Klasse kam. Er war anders als die Jungs in der Klasse, er war ja auch schon ein Jahr älter. Und er sah gut aus und er wusste auch genau, was er wollte. Als Scheidungskind hin- und hergerissen, war er halt schon früh auf sich gestellt. Er wohnte allein, d.h. in einer betreuten Jugend-WG. Ja, ich kann mir gut vorstellen, dass er die Mädchen um den Finger wickeln konnte. Aber warum nun gerade Martina?

Von dem Zeitpunkt an, als sie sich an Markus hängte, waren Gespräche mit uns eigentlich erledigt. Es gab nichts mehr zu sagen. Und was wir uns einbildeten, uns nach der Schule zu erkundigen ... Sie war plötzlich nur noch wie ein Geist zu Hause, mal schnell ein paar Sachen holen, etwas essen und wieder weg. Wir wussten nicht einmal ob sie noch zur Schule ging. Manchmal mussten wir feststellten, dass ihre Sachen so einen komischen Geruch hatten. Als ich mit ihr reden wollte, war sie so kaputt, sie musste schlafen. Doch keine zehn Minuten später stand Markus in der Tür und von Müdigkeit war für den Nachmittag und Abend keine Spur mehr. Unser Kind und Drogen ...? Dieses merkwürdige Gefühl nagte an uns und wir befragten die Lehrerin. Sie mochte Martina und wollte ihr auch helfen, aber Martina war volljährig und wir bekamen keine Auskunft. Wir konnten uns nur einiges zusammenreimen.

Plötzlich lagen in ihrem Zimmer so dicke Wälzer über Psychologie herum, sie hatte sich auch schon manches Mal selbst verletzt. – Interessiert war sie schon immer, aber das machte uns etwas nervös. Nach ein paar Tagen kam ein Anruf von der psychologischen Abteilung des Krankenhauses ganz in unserer Nähe. Sie hatte sich tatsächlich selbst dort eingewiesen!

„Könnt Ihr mir bitte ein paar Sachen bringen und auch dieses dicke Psychologiebuch!" Das haben wir natürlich nicht eingepackt, uns war schon ganz schön mulmig zumute. Im Krankenhaus wurden wir regelrecht von den Patienten angemacht, was wir für Eltern wären. Martina war uns gegenüber nach wie vor zugeknöpft. Aber schon am nächsten Tag rief sie wieder an, dieses Mal aus der WG. Sie wäre entlassen.

Das wäre ja auch noch schöner, wenn die Patienten den Ärzten vorschreiben, was sie tun müssten ...

Nach ein paar Tagen tauchte Martina wieder zu Hause auf, blieb auch wieder über Nacht. Markus lungerte immer, wenn ich von der Arbeit kam, vor der Tür herum. Sie quatschten stundenlang zwischen Tür und Angel. Langsam wurde Martina wieder etwas zugänglicher. Aus dem Gespräch hörte ich so zwischen ihren Worten heraus, dass sie von ihm die Nase voll hatte, er ihr das aber nicht glaubte. Ich fragte noch einmal nach. Ja, ich sollte ihm verbieten, unsere Wohnung zu betreten. Er hielt sich wirklich daran, lauerte aber Ewigkeiten vor unserem Haus. Wenn er nicht mehr zu sehen war, traute sich Martina wieder auf die Straße und nahm auch wieder Kontakt zu ihren Freundinnen auf. Ausschlaggebend für das Ende war, dass sie plötzlich erkannt hatte, dass er sie nur ausgenutzt hatte. Wie Schuppen fiel es ihr plötzlich von den Augen, dass sie nur seine Putzhilfe war und x-Mal von dem Hochbett gescheucht wurde, um ihm, gleich einem Pascha, seine Wünsche zu erfüllen.

Aber unser Verhältnis war weiterhin gespannt. In einer Aussprache kam heraus, dass Markus Martina dazu angestiftet hatte, auf Psychomacke zu machen, damit sie von uns getrennt in einer betreuten WG leben konnte. Als sie kurze Zeit später einen neuen Freund hatte, änderte sie auch ihre Meinung zur Schule. Sie bemühte sich, das Abi ohne eine Wiederholungsklasse zu schaffen, was ihr auch gut gelang. Wir schlugen ihr vor, nach der Schule eine Wohnung zu suchen und die Mietkosten zu übernehmen, so war sie näher an ihrer Ausbildungsstelle. Und unser Verhältnis normalisierte sich wieder langsam.

Gefühlt sind wir in dieser Zeit um Jahre gealtert. Aber wir haben Martina immer in den kurzen Gesprächen zu verstehen gegeben, dass sie, egal was passiert, bei uns ein Zuhause hat.

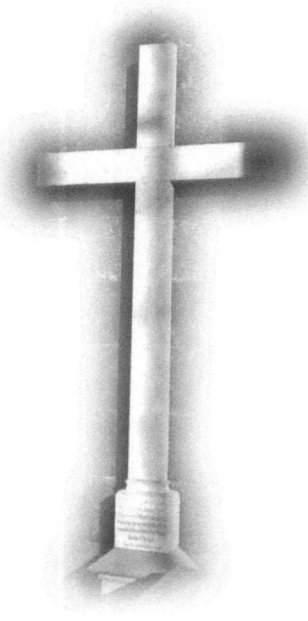

Schritt für Schritt – Erfahrungsbericht

Lena Sommer

Ich bin 48 Jahre alt und als älteste Tochter eine Frau, die den Kontakt zu ihren Eltern unterbrochen hat. Die „Störung in unserer Leitung" besteht nicht erst seit der deutlichen Veränderung meines Umgangs mit meinen Eltern, sondern sie macht genau betrachtet die gesamte bisherige Beziehung zwischen uns aus. Mein Text beschreibt meinen persönlichen Weg und gibt einen Einblick in meine gelebten Erfahrungen mit meinen Eltern und meinen Aufarbeitungsprozess. Vielleicht kann sich jemand aus der Leserschaft ein Stück darin wieder finden. Dennoch bleibt es meine für mich passende Lösungsfindung. Vielleicht kann ich dazu beitragen, dass sich die Eine oder der Andere auf seinem und ihrem individuellen Weg unterstützt fühlen kann.

Was geschah

Die Familie sitzt am Abendbrottisch. Vater, Mutter und zwei Töchter. Die ältere ist in etwa 6 Jahre alt, die jüngere 3 ½ Jahre jünger. Die Atmosphäre ist geladen. Das ältere Mädchen will sein Brot nicht essen. Es hat einen Wackelzahn und Angst, dass er beim Abbeißen im Brot stecken bleibt und es weh tun wird. Es beginnt zu weinen. Seine Mutter ist genervt. Wieder mal macht dieses Kind so ein Theater um nichts. Immer ärgerlicher ordnet die Mutter an, das Mädchen soll endlich aufhören mit dem Rumheulen und vernünftig essen. Die Kleine zieht sich zusammen. Sie will nicht, dass ihre Mutter so böse auf sie ist. Aber sie weiß auch nicht, was sie machen soll. Sie hat Angst vor Schmerzen und sie hat auch Angst vor ihrer Mutter. Angst vor deren Schreien. Das tut ihr in den Ohren weh und tief in ihr drin. Und sie hat Angst davor, von ihrer Mutter wieder einmal geschlagen zu werden, vor einer Tracht Prügel. Sie kann sich nicht beruhigen. Die Mutter will mit einem Tempo den Zahn herausziehen, doch das Kind schreit vor Angst. Die jüngere Schwester schaut erschrocken bei allem zu. Der Vater sitzt untätig gegenüber. Allerdings muss er die Lampe halten. Der

Mutter wird es zu bunt. Sie droht ihrem Kind, es müsse in eine Nervenheilanstalt, wenn es nicht aufhören würde, so hysterisch zu sein. Dann fordert sie den Vater auf, aus seinem Werkzeugkeller eine kleine Zange zu holen. In dem Mädchen wird die Angst zur Panik. Und er geht tatsächlich, kommt nach einem viel zu kurzen Moment mit der Zange zurück. Sie ist klein mit einem blau ummantelten Griff. Das Mädchen kennt diese Zange. Es hat sie schon oft unten im Keller gesehen. Die Mutter hält den Kopf ihres Kindes gewaltsam fest, legt das Tempo über den Zahn und zieht ihn mit der Zange heraus. Das Mädchen schreit und ist vor Panik und Ohnmacht so entsetzt, dass sich alles in ihm anfühlt wie erstarrt. Dann ist alles vorbei. Die Mutter regt sich noch weiter auf über dieses ganze Theater und das Mädchen ist um eine Erfahrung reicher, sich von seinen Eltern noch weiter entfernt zu fühlen.

Was dem Kind nicht bewusst war, aber mit ein Grund dafür war, dass in ihm solche Panik aufstieg, als es den wackeligen und losen Zahn in seinem Mund verspürte: Zweieinhalb Jahre vorher hatte es eine sehr ähnliche Situation erlebt. Es war bei Glatteis gefallen und mit seinem Gesicht auf dem Fußweg aufgeschlagen. Nase und Mund waren blutig und seine Zähne hatten sich gelockert. Es hatte geschrieen wie am Spieß vor Schreck und vor Schmerzen. Seine Mutter herrschte es an, nicht so herumzuschreien. Im Haus der Oma in deren Badezimmer schrie das Mädchen immer noch, während die Mutter es weiter anschrie, seinen Kopf zurückhielt zum hellen Licht der Badezimmerlampe hin und versuchte, die Zähne wieder in die richtige Position zu drehen. Als nächstes gab es einen Termin beim Zahnarzt. Die Sprechstundenhilfe musste das schreiende Kind festhalten, auch die Mutter und der Zahnarzt wurden ungehalten. Das grelle Licht, die Instrumente und Finger im aufgehaltenen Mund ... Alles Weitere blendete sich für immer in ihm aus.

Solch grausames Verhalten, wenn auch nicht auf eine so dermaßen foltergleiche Weise, hat es schon mehrmals erlebt. Das Mädchen glaubt mittlerweile selber, dass es nicht richtig ist, so wie es ist, sondern dass es böse ist und falsch. Dass es seine Schuld ist, wenn es mal weinen muss, und das kommt oft vor, weil es sich weh tut oder es Angst vor etwas hat. Es spürt, dass es irgendwie anders sein soll. Aber es weiß nicht, wie es das machen soll. Es versucht, möglichst unauffällig zu sein. Es möchte das liebe Kind sein, das seine Mutter wohl lieber möchte. Es möchte, dass seine Mutter es lieb haben kann. Wenn das Weinen kommt, fühlt es sich schlecht. Es kann gegen das Weinen nichts machen, so sehr es das auch versucht. Es kann leicht passieren, dass das Mädchen etwas in den Augen seiner Mutter nicht gut macht. Wenn es aus Versehen etwas kaputt macht oder etwas nicht so ausführt, wie seine Mutter es wünscht, oder wenn es etwas nicht sofort macht oder etwas vergisst. Wenn es seine kleine Schwester ärgert oder es aus Angst vor etwas schreiend wegläuft oder es sich weinend weigert, als Strafe tun zu müssen, wovor es solche Angst hat. Wenn es sich also falsch benimmt, dann schimpft seine Mutter und schreit es an. Das allein ist für das Mädchen sehr schlimm. Und es kommt auch oft vor, dass die Mutter das Mädchen ohrfeigt oder an den Ohren zieht oder ihm eine Tracht Prügel verabreicht: mit der Hand auf den Po hauen und es dabei ganz fest am Arm festhalten. Das alles tut dem kleinen Mädchen sehr weh. Am schlimmsten weh tut ihr, dass die Mutter so böse auf es ist und Sachen mit ihm macht, die ihm zeigen, dass sie ihr Kind nicht lieb hat.

Auch wie das Mädchen aussieht, gefällt der Mutter anscheinend nicht. Seine Füße sind so lang und schmal, dass seine Mutter beim Suchen nach neuen Schuhen genervt darüber ist, dass es deshalb so schwierig ist, passende zu finden. Seine Finger sind zu lang und die Mutter schimpft, es soll nicht immer alles mit so spitzen Fingern anfassen. Und wenn seine Mutter Fotos von dem Mädchen macht, hält sie es an, ihren Mund beim Lachen geschlossen zu halten, weil er so groß ist. Später in der Pubertät bekommt das Mädchen dann auch noch zu hören, dass es unangenehm riecht aus dem Mund, an den Haaren und überhaupt. Am besten wäre es wohl, es würde gar nicht existieren. Nicht mal sein Körper gefällt der Mutter, und daran kann das Mädchen nun wirklich nichts ändern.

Manchmal ist das Mädchen wütend. Es weiß gar nicht so richtig, worauf. Aber dann ist da plötzlich genau so viel Böses in ihm wie in seiner Mutter. Und dann lässt es diesen in ihm explodierenden Ärger an seiner kleinen Schwester aus. Dann schubst es diese, nimmt ihr das Spielzeug weg oder kneift sie so lange, bis diese weint. Es ist wie ein Krampf, wenn es die Haut seiner Schwester kneift. Und es guckt dann so wie seine Mutter aussieht, wenn diese dem Mädchen weh tut. Dieser Moment, in dem es sich ausnahmsweise mal größer fühlen kann, dauert immer nur kurz, denn wenn die Mutter es mitbekommt, weil die jüngere Schwester laut schreit, kommt die Mutter angelaufen und schreit das Mädchen wieder an oder schlägt es. So geht das immer weiter.

Sein Vater ist wenig zu Hause, weil er arbeiten gehen muss. Ob es etwas darf oder nicht, entscheidet die Mutter. Und wenn der Vater zu Hause ist, während die Mutter so böse mit ihm ist, es anschreit und haut, dann tut er nichts dagegen. Er behandelt das Kind zwar nicht so, aber er hilft ihm auch nicht. Das Mädchen fühlt sich allein. Es denkt, dass es besser wäre, wenn es es gar nicht gäbe. Es möchte tot sein oder weglaufen. Doch wohin? Zu wem? Es kennt niemandem, bei dem es spürt, er würde ihm glauben und auf seiner Seite sein. Einen sicheren Ort hat es nicht. Und wenn es sich im Kinderzimmer zurück zieht, alleine spielt oder malt, oder abends weinend im Bett liegt, fühlt es sich oftmals sehr verlassen, weil keiner da ist, der es rettet.

Irgendwann beginnt es, sich abends im Bett Geschichten auszudenken, in denen es krank ist oder schwer verletzt und sich Erwachsene liebevoll um es kümmern. Die traurig sind, weil es diesem Kind so schlecht geht und es vielleicht sogar stirbt. Für das Mädchen fühlt es sich schön an, dass da endlich jemand ist, der es so lieb hat, dass er ihm hilft und sogar um es weint. Ohne es zu wissen, rettet sich dieses Kind mit diesen erfundenen Geschichten selbst, so gut es kann.

Alle anderen Familienmitglieder, die mehr oder weniger nah drum herum wohnen, bekommen von all dem wenig mit oder kümmern sich nicht darum. Vor anderen Menschen ist die Mutter bemüht, ihre Aggressionen im Zaum zu halten. Es ist *wie eine Insel, auf der diese kleine Familie lebt.*

*Die einen Großeltern wohnen im selben Haus. Sie kön-
nen das aggressive Schreien der Mutter und das Weinen des
Mädchens hören. Die Großmutter kommt manchmal dazu, um
zu fragen, was los sei. Doch sie wird mit ärgerlichen Worten
der Mutter gleich wieder weggeschickt. Die Mutter kann diese
Großmutter nicht leiden. Die Großmutter hat dann manchmal
Tränen in den Augen und sie geht jedes Mal wieder. Das Mädchen spürt, dass diese Großmutter es lieb hat, zwar in ihrer
Nähe ist, aber trotzdem ganz weit weg.*

*Später in der nächsten Schule versteht das Mädchen den
Unterrichtsstoff nicht so schnell. Alles ist viel schwerer als auf
der Grundschule. Dort hatte es immer sehr gute Noten und
Spaß am Lernen. Doch dann bekommt es nach und nach immer
schlechtere. Bei der ersten Sechs erschrickt es sich sehr. Es ist
jetzt nicht mal mehr in der Schule gut. Seine Mutter schimpft
wegen der ersten schlechten Note sehr mit ihm und später dann
schreit sie es bei allen weiteren Schwierigkeiten bei den Hausaufgaben oft an oder wenn das Mädchen wieder eine schlechte
Zensur nach Hause bringt oder beim Elternsprechtag gesagt
wurde, dass das Kind sich am Unterricht nicht beteilige. Das
Mädchen hat gelernt, solche Angst vor der Mutter haben zu
müssen, dass es anfängt zu lügen, wenn die Mutter es nach der
Rückgabe einer Klassenarbeit fragt, die schlecht ausgefallen
ist. Natürlich gibt es den gleichen Ärger, wenn die Mutter die
Wahrheit herausbekommt. Und es gibt Ärger, wenn seine beste
Freundin wieder mal eine bessere Note hat. Die Freundin und
alle anderen Kinder, die bessere Noten bekommen oder artiger
sind, sind richtig, sie ist falsch. All der viele Ärger zu Hause
und die Angst, die es ständig begleitet, machen das Mädchen
zu müde zum Lernen und um irgendwie den Anschluss wieder-
zugewinnen. Stattdessen vertrödelt es die Zeit gefüllt mit Tag-
träumen, schlechtem Gewissen und mit Schokoladeessen. Es
hat alles keinen Sinn mehr. Wenn eine Klassenarbeit geschrieben wird, hat seine Angst über die Tage davor so zugenommen,
dass es an dem Morgen mit Bauchschmerzen wach wird und
auf dem Weg mit den anderen zur Schule am liebsten weglau-*

*fen und sich irgendwo verkriechen würde. Seine Freundinnen
haben für die Arbeit gelernt. Und es weiß als einzige nichts,
plötzlich auch nicht mal mehr das bisschen, was es doch eigentlich verstanden hatte. Kurz vor Betreten der riesigen Aula
versucht es beim Reden über den Lernstoff sich davon doch
noch etwas zu merken, aber alles fliegt gleich wieder aus seinem Kopf. Seine Angst nimmt allen Raum in ihm ein. In seiner
Verzweiflung versucht es abzuschreiben, was in der Aula und
mit den Einzeltischen schwierig ist. Es muss Angst davor haben, dass die Lehrerin es bemerkt. Es versteht die Fragen nicht
und weiß nicht, was es tun soll, schreibt irgendetwas auf das
Blatt. Was es genau weiß ist, dass es zu dumm ist für alles,
dass es eine schlechte Schülerin ist und alle anderen besser.
Das Mädchen gehört nicht dazu. Und es hat jetzt schon riesige
Angst vor dem Tag, an dem die Arbeit zurück gegeben wird
und vor dem Moment, in dem seine Mutter von der schlechten
Note erfährt. Wenn dann der Lehrer die korrigierten Arbeiten
austeilt, ihm seine mit einer abfälligen Bemerkung oder einem
ermahnendem Blick zurück gibt, dann tut alles in ihm weh. Es
schämt sich in Grund und Boden, so schlecht zu sein, und spürt
Weinen in sich aufsteigen. Gleichzeitig ist es innerlich wie erstarrt und versucht so zu tun, als würde ihm alles nichts ausmachen. Wenn die Freundinnen auf dem Weg nach Hause gut
gelaunt sind und fröhlich plappern, ist das Mädchen verzweifelt, hat Bauchschmerzen vor Angst und weiß nicht, was es tun
soll. Am liebsten würde es sterben. Irgendwann ist das Mädchen so schlecht in der Schule, dass es sitzen bleibt trotz Nach-
hilfestunden, Fernsehverbot und Stubenarrest zum Lernen.
Jedes Mal wieder die gewohnten Reaktionen der Mutter. Der
Vater hält sich genauso gewohnt aus allem raus oder stimmt
nur zu, wenn die Mutter ihn zur Mitbeteiligung auffordert. Und
irgendwann, nachdem das Mädchen älter und so groß geworden ist wie seine Mutter, hören die körperlichen Züchtigungen
auf, doch das Anschreien und die Vorhaltungen gehen weiter.
Auch die Unwissenheit über den zu wählenden Ausbildungsweg
und die mühsam verlaufende Entscheidung geben der Mutter
Anlass dazu. Alles war und ist schwierig mit diesem Kind, das*

mittlerweile zu einer Jugendlichen geworden ist, die fest daran glaubt, nur dumm und faul zu sein, dass aus ihr nie wird etwas Anständiges werden kann und es verantwortlich dafür ist, dass sich ihre Mutter schlecht fühlen muss.

Für das Leben als Erwachsene ist sie schlecht ausgerüstet mit beschädigtem Selbstwertgefühl, der eingeprägten Versicherung, alle Unwegsamkeiten mit sich allein ausmachen zu müssen, der Verzweiflung darüber, häufig tief in ihrem Herzen eine unendliche Verlassenheit zu spüren und mit einer tief sitzenden Angst davor, auch durch andere Menschen noch einmal solch heftige emotionale Abneigung verspüren zu müssen. Allem voran mit der eigenen Mutter.

Sie hat gelernt, dass Funktionieren und die Kontrolle über die eigenen Gefühle zu behalten überlebenswichtig sind, und schafft es so, den Alltag nach außen sichtbar gut zu bestehen. Sie schafft es schließlich sogar, eine Ausbildung erfolgreich abzuschließen, wenn auch nur mittelmäßig. Und im Anschluss kann sie für diesen Betrieb weiter arbeiten. Ihr Lebensunterhalt ist zumindest gesichert. Begleitet wird sie täglich von Gedanken, dass sie eigentlich zu dumm und nicht gut genug ist, und der Angst, dass es eines Tages die Kollegen und ihr Chef merken werden.

Leider ist sie selbst noch als junge Frau so im verinnerlichten Muster ihrer Kindheit gefangen, dass sie mit ihrem ersten Partner eine Beziehung wählt, in der Gewalt erneut ein großes Thema ist. Doch endlich ist da jemand, der wirklich an ihr interessiert ist. Endlich ist da jemand, zu dem sie flüchten kann. Und es ist eine Flucht bei Nacht und Nebel aus ihrem Elternhaus mit einem zurückgelassenen Brief auf ihrem Kopfkissen, in dem sie sich für ihr Tun entschuldigt und den Eltern versichert, trotz allem die besten Eltern der Welt zu sein. Vom Regen in die Traufe, denn nach der ersten Verliebtheit beginnt sie zu erkennen, dass ihr Partner ein sexsüchtiger Alkoholiker ist. Vor allem wenn sie nachts von diesem Mann sexuell und verbal angegriffen und gedemütigt wird, ist sie angefüllt mit Ohnmacht und Verzweiflung. Leider hat sie nie gelernt, sich aus Selbstschutz zu entziehen. Manchmal betet sie still zu Gott, er möge sie bitte retten, oder sie malt sich aus, wie es wäre, wenn jemand von ihrem Leid erfahren und sich für sie einsetzen würde. Sie findet kaum Schlaf in diesen vielen Jahren aus Angst vor den unberechenbaren Übergriffen. Morgens ist sie völlig erschöpft vom Aushalten der Gewalt und dem wachsam sein müssen vor seinen Ausbrüchen. Oft würde sie am liebsten weglaufen. Aber sie weiß nicht wohin. Sie kann sich nicht vorstellen, ihr Leben alleine zu schaffen. Sie schämt sich, dass ihr all das passiert, dass sie es zulässt und die anderen erfahren könnten, dass sie im Leben mal wieder nicht gut genug ist. Manchmal möchte sie ihr Leben einfach beenden und sie überlegt konkret, wie sie das tun könnte. Doch sie hat den Mut nicht und weiß, dass sie vor allem ihre Eltern nicht unglücklich machen darf.

Trotz alle dem wünscht sich die junge Frau irgendwann, ein Kind zu bekommen. Und eines Tages erzählt sie ihrer Mutter aufgeregt, dass sie vielleicht schwanger sein könnte. Doch statt der erhofften Mitfreude wirft diese ihrer Tochter vor, es sei lächerlich, denn allein bei dem Theater, das sie immer gemacht hatte, wenn ihr etwas weh tat oder beim Zahnarzt, sei es ein Unding, ein Kind zu bekommen. Diese Bemerkung sitzt und mit ihr hat sich in der jungen Frau tief eingeprägt, dass sie auch für das Kinderkriegen nicht gut genug ist.

Nach außen funktioniert sie und nimmt am Leben teil, wie es sich für eine Erwachsene gehört. Dabei ist sie von dem Auftrag erfüllt, dass bloß niemand mit ihr unzufrieden sein darf, auch nicht ihr Mann. Denn sie ist davon überzeugt, es liege an ihr, dass es ihm so schlecht geht.

Sie ist als Partnerin nicht gut genug und darum muss er ja unzufrieden sein und sich betrinken. Und sie weiß auch, dass sie seine sexuellen Bedürfnisse als gute Ehefrau zu erfüllen hat. Das befiehlt er ihr oft und er muss es ja wissen. Sie ist diejenige, die sich falsch verhält, wenn sie doch mal leise versucht, sich gegen seine Übergriffe zu wehren, und sie muss alles dafür tun, damit es ihm gut geht. Nicht ausgerüstet mit der Fähigkeit und dem Mut, sich konsequent zu widersetzen, ist ihr der Ausstieg aus dieser ersten Ehe erst nach 11 Jahren des mühsamen Aufrechterhaltens der Fassade und Ertragens von emotionaler und sexueller Gewalt möglich. Es folgt eine weitere komplizierte Beziehung, deren Auflösung sie immerhin schon nach vier Jahren nach einem Aufkeimen von Gewalt durch diesen Partner schafft.

Diese Trennung bringt in ihr dann endlich, zu diesem Zeitpunkt für sie jedoch in erschreckender Weise, das Fass zum Überlaufen. Diese Trennungserfahrung rührt heftig an ihre frühen Erfahrungen von emotionaler Verlassenheit und es kommt zu einer psychischen Krise. Wochen angefüllt mit innerer depressiver Zurückgezogenheit, anhaltender Verzweiflung, Weinen aus dem „Nichts", Selbstzweifel, dem Wunsch, das Leben aufzugeben zu wollen und plötzlich nicht mehr funktionieren zu können, nicht mal im Job. Krise lässt sich definieren als grundlegender Entscheidungspunkt, ohne zu wissen, welchen Weg man einschlagen soll, und sich in diesem Zustand gefangen zu fühlen. Und so dreht sich alles in ihr um die Fragen: Soll sie den altbekannten Weg weitergehen und weiter an emotionalen, unaushaltbaren Schmerzen leiden oder einen anderen wählen, jedoch ohne zu wissen, wohin er sie führen wird. Trotz des empfundenen, unüberwindbaren Risikos bietet so ein Krisenpunkt immer eine Chance. Und die ergreift sie, weil sie plötzlich realisiert, dass sie so nicht mehr weiterleben kann.

Erste Schritte auf einem neuem Weg

Diese Krise ist heute 14 Jahre her. Bis dahin hat meine oben im Schnelldurchlauf aufgeschriebene Geschichte 34 Jahre gedauert. Dass ich all das tatsächlich überlebt habe, hat mich eine Zeit lang selber verwundert. Später wurde mir klar, dass mir dies dank meiner mit ins Leben gebrachten Kreativität und Ausdauer möglich war. Ich habe während der Kinderzeit viel gemalt und später dann auch aufgeschrieben, was mich bewegt. Es hat einige Momente gegeben, in denen ich aufgeben wollte. Auch als Kind. Aber einfach nur die Luft anhalten funktioniert eben nicht. Und als Erwachsene hatte ich letztlich in so einer Phase nicht den Mut, aus dem Leben zu gehen, so nah ich auch vor diesem Entschluss stand. Die auch zu mir gehörende Entschlossenheit kam mir glücklicherweise in diesen Momenten abhanden. Sie kam mir jedoch zur Hilfe, um zunächst meinem Elternhaus zu entfliehen – auch wenn es in die Arme des nächsten Alptraums war –, mich von meinen Partnern zu trennen, und bei weiteren Entscheidungspunkten in für mich unguten Situationen. Wenn es mir in dieser langen Zeitspanne auch in der Regel erst gelang, wenn schon fast alles zu spät war. Diese Entschlusskraft brachte mich letztlich auch dazu, mich während meiner Krise dafür zu entscheiden, mir professionelle Hilfe zu suchen. Das war der erste und wichtigste Schritt meines beginnenden, langjährigen Heilungsweges: Ich überkam meine tief in mir eingeprägte Ansicht, alles alleine bewerkstelligen zu müssen und mich niemandem anvertrauen zu können.

Ich kam mit dem Bedürfnis, herausfinden zu wollen, wer ich eigentlich war, was mich ausmachte. Ich hatte keine Vorstellung davon, auf welch schweren und langwierigen Prozess der Selbsterkenntnis ich mich eingelassen hatte. Ich brauchte sehr viel Mut, Schritt für Schritt diesem neuen Menschen in meinem Leben zu vertrauen. Es dauerte lange, bis ich mich traute, meine in mir hochsteigenden Gefühle zunächst auch nur annähernd zu beschreiben. Diese Gefühle überhaupt zu haben, stand mir im Grunde dabei im Weg, denn ich hatte verinnerlicht, dass ich diese Gefühle nicht haben darf. Dass ich überhaupt fühlte, war falsch gewesen für so lange Zeit. Dass ich so bin ich wie ich bin, war falsch gewesen. Und nun saß mir jemand gegenüber, der mir anderes versicherte, der mir wirklich zuhörte, der mich ermunterte, von meinen mich begleitenden Erinnerungen zu erzählen, und wenn die dazugehörenden Gefühle aufstiegen, auszusprechen, was sich da seinen Weg bahnte. Ich war einerseits voller Misstrauen, doch andererseits konnte ich auch wahrnehmen, dass dieser Mensch es gut mit mir meinte. Schritt für Schritt. Und ich fasste irgendwann den Mut, nicht mehr vor der sich mir entgegenstreckenden Hand aus Angst zurückzuweichen, sondern sie vorsichtig zu ergreifen.

Durch einfühlsames Nachnähren lernte ich in dem Maß, wie ich es bewältigen konnte, in kleinsten Schritten meinen Erinnerungen zu trauen, meine Gefühle wahrzunehmen und sie mehr und mehr zuzulassen. Ich erlebte, wie es ist, ernst genommen zu werden, an besonders schmerzhaften Punkten auch getröstet und mit dem angenommen zu werden, was mich ausmacht. All das war völlig ungewohnt für mich und ich musste mich in diese neue Art von Beziehungserleben erst einfinden. Mein Vertrauen in mein Gegenüber wuchs, doch mein Vertrauen in mich selbst brauchte wesentlich länger. Lange Zeit ging ich immer noch genau so gewalttätig mit mir um, wie es meine Mutter getan hatte. Ich beschimpfte mich innerlich, dass ich so eine Unterstützung überhaupt brauchte, ich nachweislich völlig gestört und zu dumm sei und es nie zu etwas bringen würde.

Erkennen der Wahrheit
Ich erlebte erneut diese mir alt vertraute Zerrissenheit zwischen Lebendigkeit und den Verboten, sie zu zeigen. Ich brauchte ein Stück meines Weges, um zu begreifen, dass ich im Heute mir das alles selber antat mit der in mir verinnerlichten Stimme meiner Mutter. Meine dieses Mal bewusster erlebte Verzweiflung ließ mich Momente erleben, in denen ich den ultimativen Schlag gegen mich selbst richten wollte. Glücklicherweise vertraute ich mich auch damit irgendwann an und konnte beginnen, diese ebenfalls lang angestaute Wut fließen zu lassen. Schritt für Schritt lernte ich zu verstehen, dass in meinem Vorhaben, meinem Leben ein Sende setzen zu wollen, außer dem Wunsch nach Aufgabe aus einem nicht mehr Können heraus auch das Bedürfnis steckte, besonders meiner Mutter weh zu wollen, sie den Schmerz spüren lassen zu wollen, der mein Leben bislang ausgefüllt hatte. Ich wollte, dass sie genau so litt wie ich. Ich wollte, dass sie endlich erkennt, dass ich liebenswert bin. Und ich hoffte, dass sie sich durch mein gewaltsames Sterben endlich für ihr gewalttätiges Tun bei mir entschuldigen würde. Ich wollte, dass sie vor Schmerz darüber zusammenbrechen würde, weil es dafür zu spät war. Unbewusst wollte ich sie vernichten und es an mir ausführen. Neben Hoffnungslosigkeit und Aufgabe meiner tiefsten Wünsche zeigte sich eine Unmenge Wut, die ich ihr gegenüber nicht mal im angebrachten Kleinsten hatte ausleben dürfen, sondern mir nichts anderes möglich schien, als sie gegen mich selbst zu richten.

Ich wagte es, die Verbindung zwischen meinen schmerzhaften Gefühlen und meinen Eltern, deren Verhalten den Ursprung für dieses mich Fühlen bildete, zu erkennen. Ich wagte es, zu glauben und zu erahnen, dass ich nicht falsch gewesen war und bin, sondern dass meine Eltern, vor allem meine Mutter, mich als fühlendes, lebendiges Wesen nicht ausgehalten hatte und mich glauben ließ, ich sei nicht richtig. Ich wagte es, mich darauf einzulassen, meine Gewissheit abzulegen, ich trüge die Verantwortung dafür, dass es für meine Mutter so schwer war, mit mir zurecht zu kommen. Schritt für Schritt wagte ich es. Und jeder Schritt, der mich in kleinsten Momenten spürbar wachsen ließ, wurde dennoch begleitet von massiven Schuldgefühlen. In mir war tief verankert, dass ich mich als Kind meinen Eltern gegenüber nicht aufzulehnen hatte. Da gab es ein fest verwurzeltes Gesetz, das ich als tief eingeprägte Spur in mir wahrnahm. Selbst ein Suchen des Hintergrundes schien verboten zu sein. Bis ich diese innere Schranke durchbrechen konnte. Es wurde mir langsam bewusst, dass ich es nicht nur mit einer über etliche Generationen verfestigten Haltung zu tun haben musste, sondern auch mit der aus anzunehmenden eigenen Kindheitserfahrungen gespeisten Ansicht meiner Mutter. Ich hatte am eigenen Leib erfahren, dass ein Infragestellen ihres eigenen Verhaltens gegenüber ihrem Kind nicht vorgesehen war. Als das Kind hatte ich mich unterzuordnen. Und selbst als Erwachsene war es mir bislang nicht möglich gewesen, mich gegen ihre Rückgrat brechende Haltung zu wehren. Selbst anderen Erwachsenen gegenüber, die eine für mein Empfinden übergeordnete Position innehatten, stellte ich mein Anrecht auf Respekt vorbehaltlos in Frage.

Durch meine intensive innere Arbeit erkannte ich, dass ich als Kind und bis heute die Verantwortung für ihr Verhalten mir gegenüber übernommen hatte und zum Aufrechterhalten der Fassade beitrug. Ich hatte mich in die Rolle einer braven angepassten Tochter gefügt, selbst um den Preis, meine eigene Lebendigkeit zu unterdrücken. Ich hatte dies aus dem Bedürfnis heraus getan, die Tochter sein zu wollen, die sich meine Eltern wünschen, und um geliebt zu werden. Meine Eltern hatten mir die Verantwortung für das Gelingen einer gesellschaftlich vorzeigbaren guten Beziehung und für ihre Zufriedenheit übertragen. Ich war diejenige, die sich anzupassen hatte an ihre Vorstellungen davon, wie eine annehmbare Tochter zu sein hatte.

Allerdings hatte nicht bedingungslose Liebe meiner Eltern diese Beziehung geprägt, sondern seitens meiner Mutter Machterzwingung durch Aggression als Zuchtmittel beziehungsweise Desinteresse und mangelnder Schutz seitens meines Vaters. Statt Geborgenheit, liebevolle Zugewandtheit, Verständnis für meine Gefühle und grundlegenden Bedürfnisse nach bedingungsloser Liebe eines Kindes, wirkliches Interesse an meinem Sosein und Annahme dessen hatten mich Angst, Demütigung, körperliche, verbale und grundlegend emotionale Gewalt geprägt.

Oberflächlich betrachtet hatte ich im Grunde ein behütetes und umsorgendes Leben bei meinen Eltern erfahren. Mir hat es an materiellen Werten und einem Zuhause nicht gemangelt. Ich bekam altersgemäß ausreichend Möglichkeit, mich spielend zu beschäftigen, konnte regelhaft Kindergarten und Schule besuchen, bekam Geschenke zu den üblichen rituellen Jahrestagen, wurde angemessen ernährt und gekleidet, mir wurde Instrumentenunterricht ermöglicht, es wurde gemeinsamer Familienurlaub verbracht und ich durfte mich in einem gewissem abgesteckten Rahmen mit Freunden treffen. Ich hatte ein Zuhause, erlebte Zugehörigkeit, hatte meinen Platz in meiner Kernfamilie und darüber hinaus in der Sippe. Das Funktionieren in der Gesellschaft und einen gut im Leben stehen Menschen darzustellen war das, was meinen Eltern bei mir gut gelungen war. Aus mir war ein anpassungsfähiger Mensch geworden, der sich gegenüber Anderen gut zu benehmen wusste. Ich hatte gelernt, Erwachsenen, besonders meinen Eltern gegenüber mit Achtung zu begegnen. Und ich habe bis weit in mein Erwachsenenalter geglaubt, dass diese Art der Beziehung zu den Eltern so zu sein hat. Eine Alternative hatte es für mich nicht gegeben.

Falls sich jemand fragt, es müsse doch auch positive Erlebnisse mit meiner Mutter gegeben haben: Ja, meine Mutter hat mich nicht permanent angeschrien, körperlich angegriffen, verbal herabgesetzt oder bestraft. Es hat Pausen gegeben von Stunden, manchmal auch wenigen Tagen. Und es gab Momente, in denen so etwas wie Leichtigkeit an die Oberfläche kam. In manchen Situationen haben wir sogar zusammen gelacht. Leider ist es so, dass ich nach solchen Phasen in meinen Erinnerungen mühsam suchen muss. Leider ist es so, dass die Waagschale mit den mich tief belastenden Erlebnissen weitaus voller ist als die mit entspannten oder auch humorvollen. Und selbst in scheinbar entspannten Momenten war ich ständig auf der Hut, denn in jeder Sekunde konnte die gute Laune meiner Mutter umschlagen, weil ich wieder mal irgendetwas tat, was meine Mutter verärgerte.

Unterschwellig war ich oft mit einer diffusen Traurigkeit, Verzweiflung und Ohnmacht erfüllt, die ich jedoch lange nicht zuordnen konnte. Selbst mit therapeutischer Begleitung brauchte es lange, bis ich mich traute, diese Emotionen ganz nackt wahrzunehmen mit all dem dazugehörigen Schmerz und der oft uferlosen Angst davor, dass dieser zugelassene Schmerz unkontrollierbar sei und unendlich andauern würde.

Auch in alltäglichen Situationen kam ich nach wie vor mit meinem eingeprägten Muster in Berührung. Sogar in freundschaftlichen Beziehungen. Bei der Verbalisierung von Kritik, einem vermeintlich abschätzenden Blick, Ausleben von Unzufriedenheit, bezog ich dies sofort auf mich und das total. Ich spürte Scham und Angst davor, diese Beziehung zu verlieren, weil mein Gegenüber wegen mir unzufrieden war oder ich in seinen Augen nicht gut genug und dumm sei. Ich setzte vorbehaltlos und unhinterfragt ein Nichtvorhandensein meiner Liebenswertigkeit und Fähigkeiten voraus.

Der geblümte Vorhang fällt
Aber ich spürte auch das Bedürfnis, es wagen zu wollen, den Schmerz zuzulassen. Schritt für Schritt. Irgendwann konnte ich erleben, dass diese Schmerzwellen auch wieder abklingen können, nachdem sie ihre übermächtig scheinende Energie verloren. Ich gewann langsam Zutrauen in meine eigene Selbst-

wirksamkeit. Nach und nach regulierten sich die begleitende Hoffnungslosigkeit und die verzweifelte Sehnsucht danach, dass sich meine Eltern doch noch verändern würden und ich mich endlich von meinen Eltern geliebt fühlen könnte. Es entwickelte sich die Einsicht, dass eine Veränderung in der Liebesfähigkeit meiner Eltern und ihres Verständnisses von Liebe nicht in meinen Händen lag. Ich kann es regelrecht als bedeutsamen Durchbruch beschreiben, weil es ganz massiv in einem einzigen Augenblick geschah, dass ich ihren Anteil an Verantwortung zu tragen nicht mehr bereit war. Wie überdimensionale Steine hatte ich sie bis dahin in einem dicken Rucksack mit mir durch mein Leben getragen. Die Wahrheit war, dass sie mir das Tragen überlassen hatten, anstatt sich mit ihren eigenen schmerzhaften Erfahrungen ihrer Kindheit auseinander zu setzen und die Beziehung zu mir als ihrem eigenen Kind verändert zu gestalten. DAS war die Wahrheit! Sie hatten ein Leben vorgezogen, in dem ein im übertragenen Sinn nach Außen sichtbarer, hübsch geblümter Vorhang oberste Priorität hatte. Das wahre Beziehungsgeschehen dahinter, welches nichts mit dem äußeren Schein zu tun hatte, wurde gut vor der Außenwelt versteckt. Als ich dies alles erkannte, war es, als würde ich diesen hübschen Vorhang mit einem Schwung zur Seite ziehen und der Wahrheit mit aller Klarheit ins Gesicht sehen. Es war erschreckend und befreiend zugleich für mich.

Es machte mich sehr traurig, zu erkennen, wie sehr ich als Kind unter dem machthaberischen Gebaren meiner Mutter und dem gelebten Desinteresse meines Vaters hatte leiden müssen. In mir entwickelte sich Mitgefühl für mich als Kind und ich lernte, mich ihm stellvertretend für meine Eltern liebevoll zuzuwenden und es zu trösten. In kleinsten Schritten und mit viel Anleitung und Vorleben durch meine Prozessbegleiterin. Fast gleichzeitig machte mich das Erkennen der Wahrheit auch ungemein wütend. Endlich offen wütend! Endlich entstand Raum in mir, in dem meine langjährig aufgestaute, gerechtfertigte Wut fließen konnte. Auch wenn ich zunächst sehr erschrocken darüber war, dass auch dieses Empfinden zu mir gehörte. Beides, die aufrichtige Trauer und ehrliche Wut, hatte ich nie leben dürfen, und ich musste erst lernen, sie als Anteile von mir zuzulassen und anzunehmen. Gleichzeitig verschaffte sich vorsichtig eine Liebe für mich selbst in mir Raum, die ich nie vorher für mich hatte empfinden können, weil ich sie nie von meinen Eltern erfahren hatte. Es war, als wäre ein überdimensionaler Knoten in mir geplatzt und meine authentische Lebendigkeit wuchs.

Noch hatte ich Treffen mit meinen Eltern unverändert weitergeführt. Seit je her war es so gewesen, dass die Initiative für ein Zusammenkommen, das in der Regel bei meinen Eltern stattfand, von mir ausgegangen war. Abgesehen von den obligatorischen rituellen Feierlichkeiten hatte es Treffen aus einem eigenständigen Bedürfnis meiner Eltern heraus zwischen uns äußerst selten gegeben. Aus einem inneren Antrieb und auch Pflichtgefühl heraus hatte ich bislang unverändert meine Eltern besucht und zuletzt sogar zu gemeinsamen Ausflügen eingeladen. Ich hatte zwar die Einseitigkeit wahrgenommen, doch wollte ich nicht erleben, vielleicht vergeblich auf einen Anruf oder eine Einladung warten zu müssen. Durch mein schonungsloses Betrachten meines Selbst wurde mir bewusst, dass ich beinahe zwanghaft alles dafür tun wollte, ein intaktes Familienleben zu kreieren. Und dabei nahm ich wieder mal die Verantwortung für das Gelingen auf mich. Selbst das Aufflammen von körperlichen Gegenreaktionen konnte ich erst zuletzt mit der familiären Atmosphäre in Verbindung bringen, die ich unverändert als grau und kalt wahrnehmen und beschreiben konnte. Trotz aller oberflächlichen Nettigkeiten und fast gelöst wirkendem Verhalten lag eine Art Versteinerung unter allem.

Beim Bummel durch die Stadt trifft sie unerwartet ihre Eltern. Spontan nehmen sie in einem Café Platz und reden über Dies und Das. Die erwachsene Tochter freut sich, dass so ein ungezwungenes Gespräch mit ihren Eltern möglich ist. Wie Erwachsene eben so miteinander umgehen. Dann erzählt die Mutter von einem Tag, an dem der jüngste Sohn der jüngeren Tochter bei ihnen verbracht hatte. Er ist ein unruhiges und schwer zu bändigendes Kind, das sogar die medizinische Diagnose ADHS bekommen hatte. *Er sei auch bei seinen Großeltern wohl nicht zu kontrollieren gewesen, habe alles auf den Kopf gestellt und die Großmutter sei außer sich gewesen.* Sie regt sich auch im Nachhinein noch sehr darüber auf und beendet ihr Berichten damit, dass, *wenn er ihr Kind gewesen wäre, er eine ordentliche Tracht Prügel von ihr bekommen hätte.* Der Vater sitzt stumm, aber mit zustimmenden Blicken daneben. Die Tochter sitzt ihr gegenüber, hört ihr zu und ist innerlich zutiefst erschrocken, wie vom Donner gerührt. Es ist eine Mischung aus Empörung und Angst. So schnell wie diese Empfindungen da sind, so schnell verschwinden sie in der Versenkung. Ganz automatisch. Wirklich Denken kann sie nicht mehr. Stattdessen verhält sie sich so, wie es von ihren Eltern erwartet wird: angepasst und über das Geschilderte arglos hinweg gehend. Erst Stunden später zurück zu Hause und weit weg von den Eltern kommt die emotionale Wirkung ins Fließen. Da ist Wut darüber, dass diese Frau ihr der Tochter vertrautes Verhalten erneut gegenüber dem Enkelkind an den Tag legt. Da ist Traurigkeit und tiefes Mitgefühl für ihren kleinen Neffen, der mit seinen vier Jahren mit seinen Großeltern fast Gleiches erleben muss wie sie selbst als Kind. Sie ist zutiefst schockiert, zu erleben, dass ihre Eltern sich in keinster Weise verändert haben. Auch nicht ihrer mittlerweile erwachsen gewordenen Tochter gegenüber. Denn diese Mutter hat ihr damit im Grunde genommen gesagt, dass sie diese noch heute, wäre sie noch ein Kind, als Strafe für Fehlverhalten körperlich gewalttätig züchtigen würde. Und diese Mutter sagt es ihr auch noch mitten ins Gesicht. Dann sind da auch Schuldgefühle dem kleinen Neffen gegenüber, weil sie ihn nicht durch Zurechtweisen seiner Großmutter schützt. Sie fühlt sich schlecht, weil sie aus Angst dazu nicht in der Lage ist. Sie ist voll von der Angst vor der Mutter, die sie seit ihrer frühen Kindheit ausmacht. Bei all der aufkommenden Verzweiflung und der immer noch unerfüllten Sehnsucht, ihre Eltern mögen sich ändern, wird ihr sonnenklar, dass trotz des über die letzten Jahre zugenommenen Selbstwertgefühls und Selbstvertrauens sie sich weiter und intensiver mit sich auseinander setzen muss, um nicht weiterhin in den alten Mustern gefangen zu bleiben.

Und sie ahnt, dass dies an der Seite ihrer Eltern unmöglich ist.

Meinen letzten Versuch des Aufrechterhaltens der Fassade gestaltete ich mit einer Einladung zu einem gemeinsamen Tagesausflug in eine Großstadt im nahen Ausland: meine Eltern, meine Frau und ich. In mir war Vorfreude darauf, meinen Eltern diese für mich bereits bekannte tolle Stadt zeigen zu können und ihnen einen Besuch dort zu ermöglichen, den sie alleine so nicht gemacht hätten. Ich war zwar als erwachsene Tochter dort unterwegs, führte sie routiniert durch die Straßen und half ihnen sprachlich aus, da sie über keine Fremdsprachenkenntnisse verfügen. Doch auch mein inneres, liebesbedürftiges Kind war mit im Gepäck. Ich hatte das Bedürfnis, meine Eltern könnten stolz auf mich sein, darauf, dass ich mich in einer heimatfremden Gegend so selbstsicher bewegen konnte. Vielleicht waren sie es. Spüren konnte ich es nicht. Es fiel kein schlechtes Wort, doch durch meine ausgeprägte Empfindsamkeit nahm ich zum ersten Mal bewusst überdeutlich wahr, wie zusammengezogen, hart und kalt meine Eltern waren. Die Diskrepanz zwischen dieser Ausstrahlung und meinem inneren Bemühen um Anerkennung machte sich bei mir bemerkbar durch heftigste Kopfschmerzen, die kurz nach der Ankunft begannen und sich erst nach Stunden zurück zu Hause auflösten. Mit etwas zeitlichem Abstand konnte ich den Zusammenhang endlich zum ersten Mal erkennen und damit die Notwendigkeit, an meinem bisherigen Verhalten grundlegend etwas verändern zu müssen. Durch mein wachsendes Verständnis für meine kindlichen Gefühle, die mich immer noch im Erwachsenenalter ausmachten, und durch mein zunehmendes Mitgefühl für mich selbst wusste ich, dass ich mich unbedingt schützen musste, um meinen weiteren Heilungsweg nicht zu blockieren.

Eine gravierende Entscheidung
Es blieb mir um meinetwegen nichts anderes übrig, als den nächsten notwendigen Schritt zu gehen. So entschied ich mich dafür, zunächst für eine gewisse Zeit den Kontakt mit meinen Eltern zu meiden. Leichter angedacht als getan! Ich hatte große

Angst, von meiner Mutter wie gewohnt über Aggression bestraft zu werden und von allen verstoßen zu werden, aus der Gesellschaft zu fallen und im Kleinen aus meiner Familie gewiesen zu werden. Das Gefühl des Ausgestoßenseins, des Alleinseins, war mir jedoch vertraut. Was hatte ich zu verlieren?! Eine Menge, nämlich den letzten Rest von Hoffnung darauf, dass sich doch noch eines Tages alles zum Besseren wenden würde, mich meine Eltern endlich mit von Herzen kommendem Wohlwollen als ihr wertvolles Kind betrachten würden. Allerdings hatte ich in den letzten Jahren viel über die Wichtigkeit meiner Lebendigkeit mit allen Gefühlen und Bedürfnissen gelernt. Ich hatte Mitgefühl für mich entwickelt, eingesehen, dass ich als Kind keine andere Wahl gehabt hatte, als mich unterzuordnen, um mein Überleben zu sichern. Und ich hatte gelernt, dass ich nun, da ich erwachsen war, nur allein die Verantwortung für mein Handeln und für mein Wohlbefinden trage. Zusätzlich stiegen übermächtige Schuldgefühle in mir auf: „Das darf ich meinen Eltern nicht antun!" „Es sind meine Eltern! Sie haben es nicht verdient, so behandelt zu werden!" „Das gehört sich nicht!" „Ich bin undankbar! Sie haben so viel für mich getan!" Es war die in mir verinnerlichte Stimme meiner Eltern selbst und die kollektive Stimme der Gesellschaft inklusive die der Kirche über das Vierte Gebot. Bei meinem Vorhaben würde ich es nicht nur mit meinen Eltern, Eltern allgemein, sondern auch mit einem empfundenen Großteil unserer Gesellschaft zu tun bekommen. Was ich da vorhatte, war ein absolutes Tabu!!

Ich nahm klar und deutlich mein Bedürfnis wahr, eine emotionale Balance erreichen und halten zu wollen, diese weiter zu unterstützen und mit meinen zu mir gehörenden Fähigkeiten und Eigenarten mein Leben selbstbestimmt und möglichst erfüllt leben zu wollen. Mir blieb nur, mich zu entscheiden für oder gegen mich selbst. Schritt für Schritt war ich bis hier her gegangen in Richtung ganzheitlicher Gesundheit. Ein Zurück konnte es schon lange nicht mehr geben, weil ich deutlich spürte, trotz etlicher krisenhafter Phasen, zu denen auch Depression und Suizidalität gehörten, während dieses gesamten Aufarbeitungsprozesses auf dem richtigen Weg zu sein. Hier war sie noch ein Mal, die Krise. Hadern zwischen hier hin oder dort hin, Selbstaufgabe oder Selbstannahme, Mut oder Angst, Angepasstheit oder Eigenverantwortung, Stagnation oder Entwicklung. Und ich nahm all meinen Mut zusammen, verließ mich auf meine wahrzunehmende wachsende Stärke, packte an mir noch klebende Anteile meiner Angst notgedrungen mit ein und ging den nächsten Schritt auf meinem Weg in Richtung meines Wohlergehens.

Briefwechsel

Es war mir ein wichtiges Anliegen, meine Eltern wissen zu lassen, dass ich auf Distanz gehen würde. Auch wenn sie es wahrscheinlich nicht verstehen würden, sollte es ihnen wenigstens möglich sein, sich auf eine Zeit ohne Kontakt einstellen zu können. Nebenher ging es aber auch hier darum, dass ich Angst vor einem Angriff wegen meines Fehlverhaltens hatte. Ich vermutete, dass meine Mutter mich zur Rede stellen würde, wenn ich mich einfach nicht mehr meldete, und ich dann angstbesetzt reagieren würde. Mit meiner Mitteilung wollte ich dem vorbeugen. Doch wie sollte ich meinen Eltern meine Entscheidung mitteilen, wenn ich grundsätzlich Angst davor hatte, es zu tun? Dies bei einem Treffen zu tun, kam für mich nicht in Frage. Allein bei der Vorstellung zeigten sich bei mir alle gewohnten Symptome wie Zittern, Bauchschmerzen, Weinen und spontane Denkblockade mit Verlust meiner sonst recht gut formulierten Sprache. Und so schrieb ich Ihnen in einem kurzen und freundlichen Brief, dass ich aufgrund eines sehr vereinnahmenden inneren Prozesses zurzeit keinen Kontakt zu ihnen haben könne, auch wenn mir dieser Schritt nicht leicht fiele. Bis zum Abschicken vergingen Wochen und der tatsächliche Akt, ihn mit rasendem Herzklopfen in den Briefkasten zu werfen, erforderte den letzten Mut in mir, den ich in dem Moment aufbringen konnte. Aber es war raus. Ich hatte es tatsächlich gewagt und ich verspürte sogar ein kleines bisschen Stolz auf mich selbst, dass ich mich meiner Angst gestellt hatte. Das war vor etwas mehr als vier ein halb Jahren.

Die ersten Wochen meldete sich mein übliches Schuldbewusstsein, das mich mal mehr und mal weniger zur Verzweiflung trieb. Aber es entstand auch Raum in mir, in dem ich mich erleichtert fühlen konnte. Es war, als wenn ich zum ersten Mal in meinem Leben zu Atem kam. Nach zwei Monaten unternahm meine Mutter dann doch den Versuch, mich direkt anzusprechen und klingelte an meiner Tür. Als ich sie über die Gegensprechanlage erkannte, mobilisierten mein Körper und meine Psyche schlagartig sämtliche Angstsymptome. Als ersten Unterschied zu früher schaffte ich es jedoch dieses Mal, mich gegen mein Muster von Anpassung und Unterwerfung zu wehren und meine Grenze zu wahren, die ich meinen Eltern mit meinem Brief aufgezeigt hatte, und ich schickte meine Mutter unverrichteter Dinge wieder weg. Ich brauchte zwar Stunden, um mich wieder zu beruhigen, aber ich hatte einen für mich bedeutsamen Schritt getan. Der kommende Austausch gestaltete sich in zwei Phasen.

Während der ersten Phase äußerte ich mich noch eher unkonkret. Ich dachte, es würden Andeutungen meiner Gefühle und Bedürfnisse an meine Mutter ausreichen. Meine Angst, sie gegen mich aufzubringen, stand noch sehr im Vordergrund. In meinen Briefen war ich bemüht darum, mir gerecht zu werden, sie aber damit nicht zu verletzen, und blieb an der Oberfläche. Anderes war mir nicht möglich, denn mit meinem verletzten Inneren in Kontakt zu kommen, erforderte sehr viel Kraft. Und es brachte mich etliche Male erneut in mich überschwemmende verzweifelte Phasen, in denen ich davon überzeugt war, meiner Mutter unrecht zu tun. Für jedes Abschicken brauchte ich viel Mut. Die Zeiten des Wartens auf Antwort waren eine Mischung aus großer Unsicherheit, Selbstzweifeln, Schuldgefühlen und durchaus auch einem neuen Erleben von Entspannung. Lag dann ein Brief von meiner Mutter vor mir, spürte ich große Angst davor, dass sich meine Hoffnung auf Verständnis und Mitgefühl zerschlagen und mich meine Mutter angreifen könnte. Die Briefe meiner Mutter mit konkretem Bezug auf meine Erklärungsversuche versuchte ich fast zwanghaft zunächst durch eine rosarote Brille zu lesen. Ich fasste ihre Reaktion unkontrolliert schnell als positive Zuwendung auf und zog überstürzt sogar ein baldiges Treffen in Erwägung. Erst als ich den konkreten Vorschlag meiner Mutter für ein Zusammenkommen las und in mir Panik aufstieg, wurde mir bewusst, dass ich meine eigene Grenze unbedacht überschritten hatte, und ruderte wieder zurück.

Zwischen diesen wenigen Briefen vergingen jeweils Wochen bis Monate. Zwischendurch kamen Karten anlässlich meines Geburtstages oder Weihnachten mit den besten Wünschen. Geschrieben von meiner Mutter im Namen meiner Eltern und ohne jeden Bezug zu meinem Anliegen, was mich jedes Mal enttäuschte. Allmählich konnte ich damit, so zu tun, als ob nichts wäre, nichts anfangen. Von meinem Vater hatte ich seit der Ankündigung meiner Kontaktpause gar nichts gehört, obwohl dieser Brief an Beide gerichtet gewesen war. Als etwas völlig Neues schrieb ich während dieser ersten Phase einen separaten Brief an ihn. Ich erwähnte meine Traurigkeit darüber, dass ich ihn schon immer hinter meiner Mutter verschwindend erlebt hatte, und fragte ihn konkret nach seinen Gedanken über mich. Es folgten sieben Monate ohne eine Regung von Beiden. Von meinem Vater sollte bis heute keine einzige Antwort kommen. Er blieb verschwunden. Als ich dies realisierte, machte es mich sehr traurig, denn ich hatte lange noch geglaubt, wenigstens er würde mir ein bisschen näher stehen. Diese Hoffnung war die erste, die ich begann zu begraben.

So ambivalent, wie es in mir aussah, hatte ich meine Briefe verfasst. Zwischen der anfänglich angedeuteten Akzeptanz meiner Mutter, mit mir über meine Gefühle für sie schriftlich zu sprechen, konnte ich aus größerer innerer Distanz ihr Unverständnis erkennen. Mir wurde klar, dass ich mich deutlicher ausdrücken musste.

Diese siebenmonatige Schweigepause beendete ich damit, meiner Mutter ein Ultimatum zu setzen. In diesem Brief beschrieb ich wesentlich authentischer meine Angst vor ihr und teilte ihr mit, dass ich nicht mehr dazu bereit war, die Verantwortung für ihr damaliges Verhalten mir gegenüber zu tragen. Ich konfrontierte sie mit meiner Erwartung, sie möge sie zurücknehmen, sich meine Gefühle zu Herzen nehmen, über ihre Haltung nachdenken und sich bei mir zu gegebener Zeit im Anschluss von Herzen entschuldigen. Damit begann die zweite Phase. Ihre Antwort kam am letzten Tag vor Ablauf meines Ultimatums. Der Umschlag war ein wenig dicker als die vorher. Ich hatte eine Heidenangst, ihn zu öffnen. Ich war mir sicher, zu weit gegangen zu sein. Ich war über meinen Schatten gesprungen, doch würde ich eine Ablehnung auch wirklich ertragen können? Hatte ich die Möglichkeit für positive Veränderung selber zunichte gemacht? Doch es meldete sich auch deutlicher als bislang mein gesunder Anteil, der sich für die Wichtigkeit meines Selbstwertes einsetzen konnte. Nein, es war richtig gewesen, ihr all das geschrieben zu haben. Ich konnte in meinem Prozess nicht weiter kommen, wenn ich weiterhin meine Mutter davon verschonen würde, der Wahrheit ins Gesicht zu sehen. Meine suchenden Augen beim ersten Lesen hielten sich an den wenigen Sätzen fest wie „Es tut mir leid" und „Ich habe Dich geliebt" und ich spürte Erleichterung. Meine rosarote Brille funktionierte noch gut. Hatte ich sie also doch erreichen können. Endlich! Sie schrieb mir solche Dinge. Sie sah mich an mit meinen beschriebenen Gefühlen. Ich freute mich sehr, konnte es kaum glauben und las den Brief erneut. Meine imaginäre durch meine Sehnsüchte eingefärbte Brille gab dabei allerdings ihren Geist auf. Ich erkannte plötzlich glasklar, dass mich meine Mutter zwar ansah, mir zugehört hatte und antwortete, doch waren ihre vor mir erscheinenden Augen unverändert streng. Ihr Bekunden, es tue ihr leid, dass ich Depressionen entwickelt hatte, wurde gleichzeitig überdeckt mit Unverständnis für die Zusammenhänge und der Fehlbarkeit von Müttern. Meine Beschreibungen von vergangenem Erleben mit ihr und meine daraus resultierenden Gefühle als Kind wischte sie als vernebelte Erinnerungen vom Tisch, die um so unhaltbarer würden, je öfter man sich an etwas erinnere. Sie schrieb von ihrem Anliegen, das ihr Wichtigste sei das Glück ihrer Kinder, und sie versicherte, mich von Beginn meines Lebens an geliebt zu haben. Sie entschuldigte sich für ihr Zutun zu meiner Angst, äußerte jedoch klar, dass sie sie nicht nachvollziehen könne. Sie hielt ein Fortführen der schriftlichen Auseinandersetzung für sinnlos. Keine Fragen nach konkreteren Erklärungen meiner Ängste und destruktiven Gefühlen, damit sie besser verstehen könnte. Statt dessen Abwehr. Ich war geschockt! Mein beim ersten Lesen rasend schnell aufgetürmtes Hoffnungsgebilde geriet heftig ins Wanken und begann einzustürzen, denn ich begann zu realisieren, dass ihre Mauer undurchdringlich war. Meine Gefühle prallten an ihr genau so ab, wie zu meiner Kinder- und Jugendzeit. Die Sätze fühlten sich für mich an wie Schläge. Und auch wenn mir dieses Verhalten ja bekannt war, war ich zutiefst irritiert. Wie sollte ich mit ihr weiter umgehen? Was konnte ich noch tun, um sie zu erreichen? Die alte Verzweiflung kam aus dieser Nähe zu dem vergangenen Erleben heraus hoch. Doch dieses Mal mischte sich auch meine Wut stärker mit ein. Sie sorgte dafür, dass meine Gedanken während der nächsten Tage klarer wurden. Ich erlebte mich aufgerichteter als sonst und stand erneut auf. Noch wollte und konnte ich nicht aufgeben.

So gestärkt verfasste ich einen Brief, der vom Inhalt her all meinen vorangegangenen Schilderungen in diesem Bericht nahe kam. Ich wollte und konnte meine Mutter nicht mehr von einem noch tieferen Blick in ihren Spiegel verschonen. Ausführlich und detailliert beschrieb ich meine kindlichen Gefühle, die ich bei ihrem Tun verspürt hatte, wie es mir damals ging, wie verzweifelt ich gewesen war, wie verlassen ich mich gefühlt hatte, was ich mir von ihr als meine Mutter gewünscht hätte, wie sich alles auf mein kindliches und auch erwachsenes Leben ausgewirkt hatte. Auch die depressiven Phasen inklusive Suizidalität ließ ich nicht aus. Da ich vor meiner Mutter allein ohne hinzuziehbare Zeugen stand, fügte ich einzelne real stattgefundene Situationen an. Sie waren die einzigen Beweise, die meine Mutter einfach nicht leugnen konnte, denn auch sie war ja anwesend gewesen. Dieses Mal wollte ich alles so klar und deutlich darlegen, dass ich es für ausgeschlossen hielt, darauf eine gleiche Reaktion von ihr zu erhalten. Mit gemischten Gefühlen, allerdings einer nie zuvor dagewesenen inneren Stärke schickte ich diesen seitenlangen Brief ab. Die Wartezeit erlebte ich wieder mit großer Anspannung. Doch aus der überschießenden Angst war eher so etwas wie erregte Nervosität geworden. Und dann kam sie nach einigen Wochen. Die Reaktion, die ich insgeheim nicht für möglich gehalten hatte. Meine Mutter betrachtete meine ausführlichen Beschreibungen als Generalabrechnung, mit der sie leben müsse und werde, meinte, ich ginge niederschmetternd mir ihr zu Gericht, und übersah, dass ich als Kind all die Jahre unter den Auswirkungen ihrer Heftigkeit gelitten hatte. Die Steine, von denen ich mich befreite, empfand sie als sich auftürmend auf ihrer Seite und erkannte selbst beim Spüren dieses Gewichtes nicht, wie übergroß die Last für mich gewesen sein musste. Sie drückte zwar aus, dass sie die Verantwortung für ihr Tun selber trage und das Ausmaß erst jetzt erkenne, doch bezog ihre Verantwortung für mein daraus resultierendes Befinden nicht mit ein. Sie kritisierte die scheinbar überragende Elternkompetenz von Therapeut*innen allgemein und meiner Therapeutin im Besonderen und stellte eine Mutterschaft dieser in Frage. Meine Angst reduzierte sie auf die für sie irrationale vor den verschiedensten Dingen, wie Vierbeinern, Insekten, Gewitter usw., und relativierte es auf meine damalige nicht vorhandene Einsichtsfähigkeit über deren Harmlosigkeit. Meine deutlich von mir ausgedrückte Angst vor ihr klammerte sie weiterhin ausdrücklich aus. Sie wiederholte zwar meine Worte zu meinen beschriebenen Angstsymptomen, doch war sie der Ansicht, ich hätte scheinbar bereits als kleines Kind psychologische Behandlung gebraucht, und zog mit keiner Silbe in Erwägung, dass sie selbst allem vorangestellt professionelle Hilfe gebraucht hätte. Sie ließ mich wissen, dass sie mich in keiner Situation gehasst habe, wie ich angenommen hatte. Welch paradoxes Bekenntnis bei der Betrachtung ihres Schlagens, Demütigens, Drohens und Anschreiens, das sie mir zugefügt hatte. Sie stellte meine Wahrheit, die sie in Anführungszeichen setzte, als lückenhaft dar, weil ich die äußeren Umstände nicht kannte und kenne, und übersah, dass diese Gegebenheiten für mich als Kind unerheblich gewesen waren und sie mich ungerechterweise zur Zielscheibe ihrer fehlgeleiteten Aggression gemacht hatte. Sie schrieb, ihr tue der Verlauf unseres gemeinsamen Lebens leid und bat um Verzeihung, was ich scheinbar nicht könne, sondern mich trennen müsse. Damit ließ sie völlig außer acht, dass sie mir keine Grundlage dafür bot. Zuletzt sollte ich bedenken, dass mir, wenn ich einen Schlussstrich ziehen wollte, eines Tages meine Familie fehlen könnte. Für sie augenscheinlich unvorstellbar war, dass mir eine liebevolle Familie seit je her gefehlt hatte, aber meine reale Familie mit aller gelebten Verleugnung und Erstarrung mir garantiert nicht fehlen würde. Wenn ich auch als erste Reaktion beim Lesen nicht mehr so erschüttert war und nun sogar recht schnell im Geiste meine Entgegnungen formulieren konnte, fühlte ich mich erschlagen und wie ausgewrungen. Ich hatte alles mir Mögliche versucht, meiner Mutter meine emotionale Lage ans Herz zu legen, doch es war nicht möglich gewesen. Am schlimmsten hatte auf mich die Äußerung gewirkt, als kleines Kind wohl schon eine psychologische Behandlung gebraucht zu haben. Ich konnte und kann die Wirkung gar nicht in Worte fassen. Fakt war, je konkreter ich geworden war, umso aggressiver waren die Briefe meiner Mutter geworden. Es waren ihre erneuten Versuche, mich klein zu machen, was ihr zwischendurch auch gelang, wenn auch nicht mehr mit so nachhaltiger Wirkung. Aus und vorbei! Ich konnte diesen Weg nicht mehr weitergehen. Ich hatte keine Energie mehr, mich dem weiter auszusetzen. Jetzt brauchte ich wirklich eine Auszeit, gänzlichen Abstand, um innerlich zur Ruhe kommen zu können. Ich brauchte Zeit, um das neuerlich Erlebte zu verarbeiten. Ich konnte nicht mehr.

Und dennoch glimmte immer noch hier und da der kleine Funken Hoffnung auf, es würde trotz allem bisher Erfahrenen doch noch eine Veränderung möglich sein. Irgendwie möglich sein müssen, denn sie war doch meine Mutter und ich war ihr Kind. Wenn ich sie nicht mit dem Ausdruck meiner Gefühle erreichen konnte, vielleicht brauchte sie handfestere Fakten ... Zahlen? Ich griff zu einem Mittel, das grundsätzlich nicht zu meinem gewählten Verhalten zählt, und verfasste dieses Mal tatsächlich eine Rechnung. Sie enthielt letztmalig in Kurzform die Verletzungen, die mir meine Eltern zugefügt hatten, dem gegenüber stellte ich die von mir als Selbstzahlerin geleisteten Kosten für die therapeutische Unterstützung und forderte meine Eltern auf, diese beträchtlich hohe Summe als Aufwandsentschädigung zur Schadensbegrenzung zu begleichen. Ich fühlte mich weiß Gott nicht wohl dabei, dies überhaupt zu schreiben geschweige denn abzuschicken. Doch meine Hoffnung war wie ein innerer Motor. Da meine Eltern seit jeher das Schenken von Geld oder Gegenständen einer Äußerung von Liebesbekundung in Worten vorgezogen hatten, war es vielleicht möglich, dass sie über diese Sprache besser erreichbar sein würden. Ich musste es versuchen. Eine Alternative stand mir nicht mehr zur Verfügung. Es war ein Hammerschlag, das was mir klar. Die Reaktion würde endgültig darüber entscheiden, ob ich meine bis hier her offen gehaltene Tür so belassen könnte oder sie schließen müsste.

Die Antwort kam nach knapp vier Wochen so schnell wie keine davor. Schockiert über dieses nie für möglich gehaltene Verhalten stellten meine Eltern die Frage, ob dies meine Art sei, unser Verhältnis zu verbessern, und argumentierten, mit solchen psychischen Erkrankungen ginge man zu Ärzten, deren Behandlung die Krankenkasse übernehme. Da ich es nicht mal für nötig gehalten hätte, sie über meine Wahl zu informieren, kämen sie zwar schweren Herzens aber bestimmt meiner Forderung nicht nach. Aufgrund meines Betrachtens meiner Kinder- und Jugendzeit im schlechten Licht seien sie scheinbar wie alle Eltern an allem Schuld, und ich betrachtete es daher als mein Recht, ihnen so begegnen zu dürfen. Ein letztes Mal Bezug zu meiner Angst nehmend, mit der ich mein Tun und Handeln entschuldigt hätte, legten sie diese als Feigheit aus. Diesen von meiner Mutter geschriebenen Brief mit ihn beendenden besten Wünschen unterschrieb sogar mein Vater eigenhändig.

– Zu spät. –

Wenn sie aus allem zogen, ich sei der Meinung, Eltern seien grundsätzlich an allem Schuld, fragte ich mich, woher sie damals das Recht genommen hatten, mich als ihr Kind als

Schuldige für das Nichtgelingen ihrer Zufriedenheit heranziehen zu dürfen?! – Zu unmöglich. – Zu sinnlos. – Wortlosigkeit auf meiner Seite. – Um Geld war es mir nie gegangen. Sonst hätte ich die selbstfinanzierte Prozessbegleitung nicht gewählt. Aber nicht mal eine Zahl, und sei sie noch so hoch, konnte sie das Ausmaß der Verletzungen, die ich als Kind erfahren hatte, begreifen lassen. Auf Eis gestellte Gefühle auf der Seite meiner Eltern. Ich hatte es endlich verstanden. Sie waren mit nichts erreichbar. Ich schloss meine innere Tür.

Verstehen

Gefühlsmäßig hatte ich diese ausgeprägte Abwehr oft nicht aushalten können. Es hat mich ungeheure Kraft gekostet, diesen Austausch mit meiner Mutter zu führen. Neben meiner Verzweiflung zweifelte ich an der Rechtfertigung meines Bedürfnisses nach an mir interessierter und liebevoller Zugewandtheit, das mich nachhaltig selbst als Erwachsene noch ausfüllen konnte. Ich konnte ihr Verhalten einfach nicht begreifen. Aber ich wollte wenigstens versuchen, sie und mich zu verstehen, weil ich dachte, wenn mir das gelänge, könnte es doch noch anders werden zwischen uns.

Es gibt viel Literatur über Beziehungsstörungen zwischen Eltern und Kindern. Und ich habe während meines Aufarbeitungsprozesses und des Briefaustausches viel gelesen zu den relevanten Themen wie u.a. Bindungsstörung, psychische Reaktionen, wie zum Beispiel Depression und gewaltbereite Aggression, über Resilienz, was als psychische Widerstandsfähigkeit übersetzt werden kann. Ich habe Vieles gefunden, was mir dabei geholfen hat, in erster Linie Verständnis für das verletzte Kind in mir zu entwickeln. Ich konnte so meine Verzweiflung noch besser nachvollziehen und erkennen, dass meine mich überschwemmenden Gefühle von Ohnmacht, Wut, Angst und Traurigkeit und meine Tendenz zum Rückzug ganz natürliche Reaktionen waren auf das machthaberische, gewalttätige und empathielose Verhalten meiner Mutter und auch meines Vaters. Zwangsläufig weiteten sich meine Bezüge auch auf meine Eltern aus, denn auch sie waren einmal Kinder gewesen. Es musste so sein, dass auch sie selbst eine Form von ausgeprägter Lieblosigkeit erfahren hatten, um so werden zu können, wenn ich auch tatsächlich nur sehr wenig von ihnen erzählt bekommen hatte. Bei meinen früheren Versuchen, mehr über ihre Erlebnisse zu erfahren, stieß ich auch hier weitestgehend auf eine Mauer des Schweigens. Als ich meine Mutter ein Mal ausdrücklich darum bat, mir von sich als Kind zu erzählen, aus meinem dargelegten Wunsch, mehr über sie erfahren zu wollen, war sie lautstark regelrecht explodiert, ich könne nicht erwarten, dass mir ein offenes Buch präsentiert würde. Völlig geschockt ob der in keinem Verhältnis stehenden Reaktion habe ich nicht weiter gefragt. Aber so spürte ich, dass es da einiges geben musste, was sie unter Verschluss halten wollte. Über kleinste Bruchstücke, die sich auf die ersten Lebensjahre während des Zweiten Weltkrieges bezogen, und die mir teilweise aus Erzählungen meiner Großmutter bekannt waren, versuchte ich vorsichtig, ein wenig mehr erzählt zu bekommen. Doch selbst dies wurde schnell wieder zugedeckt mit Äußerungen, wie „Ich kann mich nicht erinnern" oder „So schlimm war das alles gar nicht." Doch wenn ein Kind in eine Zeit furchtbarer Zerstörungswut eines diktatorischen Systems hinein geboren wird, ist es durchaus schlimm für so ein Kind, weil nicht nur die kleine Familienwelt, sondern sogar die ganze Welt für es kein sicherer Ort gewesen sein konnte. Die meisten Menschen waren von sämtlichen lebenseinschneidenden Auswirkungen betroffen, besonders in Städten. Hunger, Lebensbedrohung, zeitweiser oder permanenter Verlust von Bezugspersonen, Flucht ... Für Erwachsene genauso, doch wesentlich ausgeprägter für Kinder war dies eine lebensfeindliche, grauenvolle Zeit gewesen. Und auch wenn Kinder im frühen Alter noch keine Worte für Erlebtes haben, nehmen sie alle Ängste und Anspannungen wahr und speichern jede Erfahrung. Kinder vergessen ihr Leben lang nichts, weder angenehme noch unangenehme, vor allem keine traumatischen Erlebnisse, egal, ob es sich um Krieg oder andere lebensüberfordernde Ereignisse handelt. Und wenn bereits zu lange Momente fehlender Zugewandtheit als unaushaltbar empfunden traumatisierend für einen Säugling sein können, was müssen erst die Kriegswirren für Auswirkungen gehabt haben?! Die Hoffnung, Kinder würden irgendwann alles vergessen, konnte letztlich nur die der Erwachsenen sein.

Von meiner Mutter weiß ich, dass sie auch Flucht erfahren musste. Evakuiert mit ihrer Mutter und ihrem ein Jahr jüngeren Bruder in eine Region, die zunächst vom Kriegsgeschehen verschonter war, mussten sie wegen des Herannahens der russischen Armee zurück nach Hause Hals über Kopf fliehen, wie so viele Andere. Mit dem letzten Zug aus Dresden, wie ich von meiner Großmutter wusste. Wie angstvoll muss das für eine Vierjährige gewesen sein?! Der Vater als Soldat schwer verwundet im Lazarett. Wie schlimm muss all das für dieses Mädchen gewesen sein?! Der kleine Junge, der mein Vater war, wurde von seiner Mutter in den Fahrradkorb am Lenker gesetzt, wenn sie bei Fliegeralarm zum nächsten Bunker fahren mussten. Wie verängstigt muss dieser Junge gewesen sein?!

Weil ich von meinen Eltern kaum Näheres erfuhr, das über dieses oberflächliche Erzählen hinaus ging, nahm ich auch hier Bücher zur Hilfe. Ich erlas mir die Atmosphäre dieser Schreckenszeit und die Auswirkungen auf die Menschen, besonders auf die Kinder. Ich las auch über die menschenverachtenden Pädagogikmethoden, die von Dr. Johanna Haarer zum Beispiel in ihrem Buch „Die deutsche Mutter und ihr erstes Kind" mit millionenfachen Exemplaren durch die Propaganda des Naziregimes unterstützt so viele Mütter infiziert und mindestens ebenso viele Säuglinge und Kleinkinder zusätzlich ins emotionale Verderben gerissen hatten. Ich konnte mir ein Bild machen von den emotionalen und psychischen nachhaltigen Auswirkungen auf diese Kriegskinder. Und beim Informieren über die generationsübergreifende Weitergabe von Traumata konnte ich als Vertreterin der sogenannten Kriegsenkelgeneration den Kreis zu mir schließen. Texte von Sabine Bode, Bettina Alberti, Hilke Lorenz, Prof. Dr. Hartmut Radebold sind nur einige, die ich an dieser Stelle nennen möchte für den, der interessiert daran ist, sich selber ein umfangreicheres Bild zu machen.

Meine theoretische Wissenserweiterung hat mein Verständnis

für mich selbst und auch für meine Eltern in großem Ausmaß wachsen lassen. In mir konnte dadurch ein klein wenig mehr Ruhe einkehren, weil ich im wahrsten Sinne be--greifen konnte, wo bislang nur Leere gewesen war. Dieses gewachsene Verstehen hat mir also durchaus geholfen. Nicht nur kognitiv, sondern ich konnte dadurch auch ein gewisses Maß an Mitgefühl für die beiden Menschen empfinden, die meine Eltern waren. Es war, als ob es mir möglich geworden war, gelöster und mehr von oben das Zusammenspiel in unserer Beziehung betrachten zu können.

Was dadurch jedoch nicht verschwand, waren meine Gefühle als Tochter, die das vorherrschende Beziehungsverhalten meiner Eltern am eigenen Leib und Herz erlebt hatte. Es war mir nicht möglich, meine Empfindungen an dieser Stelle auszublenden. Leider gab es keinen goldenen Schalter, der das hätte bewirken können. Und meine Sichtweise konnte noch so professionell distanziert sein, emotional katapultierte es mich bislang immer wieder in die Eltern-Kind-Beziehung. Ich war im prägendsten Alter übermäßig verletzt worden. Diese tiefe Wunde gehörte zu mir. Auch wenn ich sie durch verschiedenste Versuche, wie anfängliches Verleugnen, später dann Anerkennung durch Aufarbeitung, vernarben lassen wollte. Sie wurde immer wieder aufgerissen, wenn ich die Unverrückbarkeit der Haltung meiner Eltern erleben musste oder durch ein ähnlich anmutendes Geschehen mit anderen Menschen daran erinnert wurde. Als alles abdeckendes Pflaster war mein Entwickeln von Verständnis untauglich. Als Erwachsene konnte dies zwar phasenweise meine Verzweiflung ein wenig beruhigen. Doch es ging elementar um meine Verletzungen als Kind.

Ein Kind ist nicht in der Lage, das Verhalten der Eltern rational zu verstehen. Ein erwachsener Mensch allerdings verfügt grundsätzlich über eine ausgeprägtere Reflexionsfähigkeit. Dadurch ergibt sich eine differenziertere Wahlmöglichkeit ihr Verhalten betreffend, als es Kindern möglich ist. Die Fähigkeit zur Regulierung der aufkommenden Wut meiner Mutter hatte ich durchaus miterlebt. Wenn jemand außerhalb unserer Kernfamilie anwesend war, wählte sie gemäßigtere Methoden, mich herabzuwürdigen. Wenn sie mich auch selbst dann anherrschte und brutal an mir zerrte. Doch wenn wir unter uns waren, entschied sie sich zudem auch für das Schlagen und Anschreien. Sie war somit nachweislich in der Lage, zwischen richtig und falsch zu unterscheiden. Auch wenn es ihr, so muss ich es annehmen, in erster Linie nicht um mich ging, sondern um ihr Ansehen. Darüber hinaus ist ein Kind nicht dazu fähig, die Probleme der Eltern zu lösen, die zu einer möglichen Überforderung bei diesen führen können, oder die Haltung der Eltern zu verändern. Allem vorangestellt kann und darf diese Aufgabe nicht dem Kind überlassen werden. Und wenn schon nicht die Eltern bereit dazu sind, diese große Verantwortung als die ihre anzuerkennen, braucht dieses Kind einen anderen Erwachsenen, der es von dieser Last befreit. Steht hier ebenfalls niemand zur Verfügung, besteht immer noch später diese Möglichkeit. Auch wenn dann viel zu viele Jahre voller Leid von ihm ertragen werden mussten. So ging es mir.

Um so eine einschneidende emotionale Verletzung zu heilen, braucht es ebenfalls ein Gegenüber. Nur so können neue, andere, positivere Erfahrungen gemacht werden. Mein Suchen nach so einem Menschen hatte mich mein Leben lang mehr oder weniger unbewusst begleitet. Durch meinen Mut, mein erlerntes Misstrauen aufzugeben, habe ich die Unterstützung einer professionellen Helferin in Anspruch nehmen können. Dies war außerordentlich, ja, durchaus überlebenswichtig für mich, damit ich Schritt für Schritt meinen Heilungsweg einschlagen konnte. Zu der therapeutischen Unterstützung gehörte nicht, mir zu helfen, meine Eltern zu verurteilen und mich als meinen letzten Schritt von ihnen zu trennen. Sondern es ging dabei darum, mich unterstützend zu begleiten, Zugang zu meinen versteckten Gefühlen zu bekommen, meinen Umgang mit ihnen verstehen zu lernen und die Fähigkeit an Selbstfürsorge zu entwickeln.

Ohne diesen Menschen, der sich mit einer Mischung aus professioneller Distanz und menschlichem Mitgefühl bedingungslos auf meine Seite gestellt hatte, hätte ich es nicht schaffen können, heute wesentlich umfangreicher zu wissen, wer ich bin, meine Liebesfähigkeit wert zu schätzen und mich selbst zu akzeptieren.

Stand der Dinge
Beim Schreiben meines Beitrages habe ich lange den Anspruch gehabt, einen konkreten Abschluss finden zu müssen. Bis ich begriff, dass dies unmöglich ist, denn mein Prozess ist noch nicht zu Ende und so kann dieser Text nur einen Ausschnitt darstellen. Während meiner Zeit des Aufarbeitens meiner Kindheit habe ich verschiedene Stadien durchlaufen und Schritt für Schritt mehr Erkenntnisse gewonnen. Immer wenn ich gedacht hatte, nun endlich fertig zu sein, kamen wieder Ereignisse in alltäglichen Beziehungsmomenten, die mich mit dem verinnerlichen Alten in Kontakt brachten und die alte Wunde zum Schmerzen brachte. Mobbingerlebnisse in meinem ersten Beruf, Anforderungen während meines späteren Studiums ließen mich heftig an meinem Selbstwert, meinen Talenten, meinen Fähigkeiten und meiner Liebenswürdigkeit zweifeln. Und selbst kleinere Konflikte oder deren vermeintliche Anbahnung im privaten und beruflichen Umfeld konnten mir sehr zusetzen, weil sie mich immer wieder schmerzhaft in meine früheren Erfahrungen versetzten und mich meine damaligen Gefühle überrollen und vereinnahmen konnten. Das kann mir selbst heute noch passieren an Tagen, an denen ich mich geschwächter fühle. Es ist noch nicht vorbei. Doch ich habe mir während der letzten Jahre ein Selbstwertgefühl und eine Selbstsicherheit erarbeitet, die es mir überhaupt erst möglich machten, in meinem nahen Umfeld darüber zu sprechen oder auch an diesem Buchprojekt mit einem eigenen Beitrag teilzunehmen. Ich war mir sicher, einem erneuten Durcharbeiten meiner Geschichte gewachsen zu sein. Wirkliche Erfahrung erlangt man jedoch erst beim Tun. Und so habe ich dann doch etliche mehr oder weniger ausgeprägte Momente erlebt, in denen mich die erneute Auseinandersetzung emotional in die altbekannten Abgründe schleudern konnte. Damit hatte ich nicht gerechnet gehabt.
Doch letztlich habe ich alles gut überstanden. Mein Umgang mit diesen Tiefpunkten hat mich nur noch weiter in für mich

positive Richtung entwickeln lassen und ich kann diesen neuerlichen Entwicklungsschritt als regelrechten Quantensprung bezeichnen. Meine Zufriedenheit hat um ein weiteres Maß zugenommen. Ich gehe mit einem erweiterten Gefühl von Selbstverständnis durch mein privates und berufliches Leben. Und ich erlebe im Kontakt mit anderen Menschen, dass ich mir meine Liebenswürdigkeit nicht einbilde und sehr viel Liebesfähigkeit authentisch in mir steckt. Ich kann mich heute lebendig fühlen und freue mich, wenn ich dem Ausdruck verleihen kann. Beim Blick zurück auf das, was mich so tief verletzte, kann ich nach wie vor sehr traurig werden, es bedauern und darüber trauern, dass das zu meinem Leben gehört und so viele Lebensjahre mit Leiden unwiederbringlich verstrichen sind. Der Weg bis hier her ist mein Weg. Meine Eltern haben ihren eigenen. Zusammen können wir ihn nicht gehen, das habe ich begriffen. Beide Seiten haben ihre eigene Geschichte, die nur separat beleuchtet werden können, sofern die Betreffenden sich dafür öffnen.

Auch wenn es in diesem Buch um den Bruch zwischen Eltern und Kindern geht, möchte ich an dieser Stelle noch kurz meine Schwester erwähnen, denn auch sie gehört ja untrennbar zu meiner Kernfamilie und ist somit ebenfalls von der Trennungssituation zwischen mir und meinen Eltern betroffen. Unsere viele Jahre andauernde unauffällige Beziehung als Erwachsene hat sich schleichend zusammen mit meiner Weiterentwicklung verändert. Wenn wir uns bis dahin durchaus recht häufig gesehen hatten, wurde es immer seltener. Ich konnte mit ihrer Oberflächlichkeit immer weniger anfangen und sie, so vermute ich, mit meiner Zunahme an Tiefgang. Sie hat sich zu meinem offenen Konflikt mit unseren Eltern nie geäußert, sondern sich nur auf mein Hinterfragen ihrer Position entweder ausweichend oder solidarisch zu meinen Eltern gestellt. So kann ich sagen, meine Beziehung zu meiner Schwester ruht auf sehr ähnliche Weise wie die zu meinen Eltern, gleichzeitig natürlich auf ganz andere.

Man könnte sagen, ich sei also zurzeit familienlos. Unter dem biologischen Aspekt stimmt das. Doch habe ich mir eine neue Familie geschaffen: meine geliebte Frau und weitere Menschen, mit denen ich mich herzlich verbunden fühle. Menschen, mit denen ich mich wohl fühle und die sich mit mir wohl fühlen. Das bewusst leben und genießen zu können, macht mich zufrieden und glücklich.

Ich möchte noch einen Aspekt hinzufügen, der mir sehr wichtig ist, weil er zur Veränderung eines Missverständnisses beitragen soll, das zur Unauflösbarkeit der Verstrickung beitragen kann. Meines Erachtens wird bei der Trennungsthematik zwischen Eltern und deren erwachsenem Kind das Opferdasein der Elternseite polarisiert. In den meisten Fällen ist von „verlassenen" Eltern und „verlassenden" Kindern die Rede. Zu leicht wird dadurch die Haltung unterstützt, dass die Kontaktauflösung ohne erklärbaren Bezug zu den Eltern hervor gerufen wird. Zu einer Beziehung gehören jedoch immer zwei Menschen, so dass im Zuge der Ursachenforschung eines Konfliktes immer beide Seiten beleuchtet werden müssen. Es gibt keine Trennung „einfach nur so". Wenn sich ein Kind im Erwachsenenalter von den Eltern auf so rigorose Weise löst, kann meiner Ansicht nach davon ausgegangen werden, dass der natürliche Ablöseprozess, der im frühen Kindesalter von den Eltern hätte gut unterstützt werden müssen, nicht stattgefunden haben kann. Demzufolge ergibt sich für die Eltern durchaus die Frage an sie selbst, warum sie es nicht zulassen konnten, dass sich ihr Kind zu einem eigenständigen Menschen entwickeln durfte. Ein Kind nicht mit seiner Eigenartigkeit anzunehmen, ihm seinen förderlichen Entwicklungsfreiraum nicht zur Verfügung zu stellen und seine Bedürfnisse und Gefühle nicht zu berücksichtigen, kommt per se aufgrund fehlender Empathie emotionalem Verlassen gleich. Durch Beispiele von zusätzlich verbaler, psychischer und körperlicher Gewalt erhöht sich dieses Verlassenwerden auf der Seite des Kindes nur noch um ein Vielfaches. Daher finde ich es im Sinn einer wirklich reflektierten Beziehungsaufarbeitung unabdinglich, von „verlassen(d)en" Eltern und „verlassen(d)-en" Kindern zu sprechen.

Mit meinem Beitrag habe ich mir als Betroffene mein Bedürfnis nach Wirksamkeit erfüllt. Raus aus der Schweigeecke und Licht ins persönliche Dunkle bringen. Nur wo Licht und Luft dran kommt, kann eine Wunde langsam heilen. Davon bin ich überzeugt. Und ich habe die Hoffnung letztlich noch nicht ganz aufgegeben, dass dies auch bei den Beziehungsknoten möglich ist, um die es in diesem Buch geht, auch wenn es in meiner Situation sehr wahrscheinlich nicht mehr dazu kommen wird bzw. sich auf einer ganz anderen Ebene abspielt, als vordergründig erwartet. Jede aufrichtige Auseinandersetzung, die auf Selbstreflexion beruht, ist wie ein Stein, der ins Wasser geworfen wird und Kreise zieht. So kann sich in unserer Gesellschaft Schritt für Schritt, Beitrag für Beitrag allmählich eine veränderte Haltung entwickeln. In der einen oder anderen Familie wird sie die beidseitige Bereitschaft erhöhen, auf neue Weise miteinander ins Gespräch zu gehen, um eine neue Beziehung zu gestalten und sogar tatsächlich realisieren zu können. In manchen Familien wird dies nicht passieren, weil vielleicht zu viele Verletzungen geschehen sind und der jeweilige Selbstschutz ausgeprägter im Vordergrund stehen muss. Das Tempo eines Prozesses ist immer individuell. Da kann nichts beschleunigt werden und so geht es auch um Akzeptanz, wenn ein Wunsch oder eine Hoffnung nicht erfüllt werden kann, und Annahme dessen, so wie es ist.

Trotzdem finde ich es wichtig, nicht zu unterschätzen, dass in jedem Fall etwas im Familiensystem und im System Gesellschaft in Bewegung kommt, wenn ein teilhabender Mensch eine lang bestehende Grenze durchbricht. Sich gegen familiäre Grenzen aufzurichten kann gravierend und bestürzend für alle Beteiligten sein, wenn kleinste Veränderungen bislang unmöglich waren und eine Neufindung in der Beziehungsgestaltung aus Angst vor der Notwendigkeit einer natürlichen Anpassung bislang gescheut wurde. Ich gehöre zu denen, die ihr Familiensystem in starke Schwingung versetzt hat. Und ich gehöre zu denen, die sich konstruktiv mit den Gründen und Folgen auseinander setzen und sich sogar in der breiten Öffentlichkeit zeigen. Wir alle, die wir zu diesem Buch beitragen, sind auf diesem Weg. Es kostet mich Mut, mich mit meinem Beitrag auch von der Elternseite gesehen zu wissen. Es gibt mir Auftrieb, mich dafür zu engagieren, dass Sensibilität für das Schwierige entstehen kann. Und ich möchte dazu motivieren, dass es sich lohnt, sich mit der Beziehung zum Gegenüber und allem voran zu sich selbst auseinander zu setzen und falls nötig, den Mut zu haben, den Kontakt zum Anderen zu meiden. So schwer es auch ist, denn kaum jemand geht diesen Schritt leichtfertig, sondern schweren Herzens.

Und manchmal immer noch

Niemand hat um mich geweint.
Und ich weine.
Immer noch.

Niemand hat mich in den Arm genommen.
Und diese Umarmung fehlt mir.
Immer noch.

Niemand hat mich getröstet.
Und ich bin ohne Schutz.
Immer noch.

Niemand war für mich da.
Und ich bin einsam.
Immer noch.

Und da ist unendliche Leere.
Immer noch.

Und es tut schrecklich weh.
Immer noch
und immer noch.

Lena Sommer, 2009

Ein Stück vom Scherbenhaufen

Andrea König

Müller, Zenz, Smolka, Rechenbach – Sabine betrachtete die zum Teil verwitterten Klingelschildchen im Eingangsbogen eines der alten Mehrfamilienhäuser, die wie an einer Schnur aufgereiht am alten Bahndamm standen. Dann trat sie wieder auf die Straße, schlenderte zum nächsten Hauseingang und las sich erneut die Namen durch. In diesem Teil der Stadt war sie noch nie allein unterwegs gewesen. Es war gar nicht so weit weg von dem Haus, in dem Sabine lebte, aber ihre Freunde wohnten alle im gleichen Häuserblock und die Grundschule war nur einen Steinwurf von ihrer Haustüre entfernt.

Es hatte bisher keinen Grund gegeben, sich in dieser Gegend aufzuhalten.

„Kommst du mich am Nachmittag besuchen?", hatte ihr Vater am Telefon gefragt. „Ich bin extra in deine Nähe gezogen, damit wir uns sehen können!"

Lang und breit erklärte er seiner Tochter, wie sie seine Wohnung finden würde. In einer halben Stunde wäre er zu Hause und sie könnte zu ihm kommen.

Freudig hatte Sabine zugestimmt. Sie hatte ihren Vater sehr lieb und sah ihn viel zu selten, manchmal ein halbes Jahr nicht. Ihre Mutter sagte später einmal, hätte man Sabine gefragt, bei welchem Elternteil sie nach der Scheidung leben wollte, sie wäre zu ihrem Vater gezogen.

„Gern, Papa, ich mach mich gleich auf den Weg!"

Ein bisschen würde sie trödeln, denn der Weg war ja nicht weit. Aber warten wollte sie auch nicht.

Sabines Mutter war in der Arbeit, als sich das kleine Mädchen auf den Weg machte. Ihre Eltern hatten sich schon vor langer Zeit getrennt, Sabine kannte es nicht anders.

Und nun war sie schon acht Jahre alt und konnte Buchstaben zu Worten zusammenfügen, worauf sie sehr stolz war.

Heimlich diese fremden Namen an unbekannten Türen zu lesen, das gefiel ihr, und sie fühlte sich ein Stück erwachsener.

Richter, Masuri, Riehmann ... unvermittelt ging die Tür auf, in deren Eingang sie gerade stand. Es handelte sich um eine alte, schmuddelige Tür in einem vernachlässigten Haus. Erschrocken wich Sabine ein Stück zurück, aber eben nur ein kleines Stück. Im Türrahmen stand ein Mann.

Sabine bekam Angst: War es verboten, die Klingelschilder anderer Leute zu lesen? Seinem Gesichtsausdruck nach zu urteilen hatte er sie gerade bei etwas ganz Schlimmem erwischt. Der Blick des Mannes schweifte hastig über die Straße und sein Gesicht überzog sich mit einer leichten Röte.

„Du kommst sofort mit!", sagte er drohend.

Er ging einen Schritt in den Hauseingang zurück, fasste Sabine am Arm und zog sie in den Hausflur, durch den Flur hinter die Kellertreppe. Diese Stelle konnten andere Mieter des Hauses nicht einsehen, sollte einer von ihnen das Treppenhaus herunterkommen.

Der Mann war bestimmt zwei Köpfe größer als Sabine.

„Was hast du da gerade gemacht? Hast du Klingelmäuschen gespielt?"

Der Mann öffnete die Tür, die zur Kellertreppe hinunterführte, und schob Sabine auf einen kleinen Absatz, auf dem nur zwei Personen Platz hatten. Es roch muffig und Sabine spürte die feuchte Kühle der alten Bruchsteine.

„Ich hab nicht geklingelt!", sagte sie ängstlich und ihr Herz klopfte. Sabine wusste doch, dass man das nicht durfte. Sie hatte keine Ahnung, wie schlimm eine Bestrafung aussehen konnte, aber allein das Gefühl zählte, die Angst davor, Ärger zu bekommen. Es musste sehr schlimm sein, was sie getan hatte, so, wie der Mann sich aufführte.

„Ach, komm", flüsterte der Mann halblaut. Er wirkte sehr aufgeregt, was Sabines Angst verstärkte.

„Ich habe dich und deine Freundin gesehen, letzte Woche!", presste er hervor und hielt ihren Arm noch fester.

„Ihr habt hier am Keller gestanden und habt euch ausgezogen. Ich hab es genau gesehen. Hier, durch das kleine Fenster in der Tür. Das war also nicht das erste Mal, dass du etwas Verbotenes machst!"

Sabine war entsetzt. „Nein, das war ich nicht! Wirklich nicht!"
Sabines Wangen brannten. Noch niemals war sie in diesem
Haus gewesen.

„Ich hole die Polizei, und dann wirst du sehen, was passiert.
Deine Eltern werden viel Geld bezahlen müssen und sie werden
sich für dich schämen."

„Aber ich hab nur die Klingelschilder gelesen! Ehrlich!
Ich war es nicht!" Am liebsten hätte Sabine geweint, aber sie
schluckte ihre Tränen hinunter.

Der Mann hatte sie losgelassen und seinen Gürtel geöffnet.
„Wenn du hier hineingreifst, dann lasse ich dich gehen."
Inzwischen wirkte er fiebrig. Er hatte seinen Hosenbund vorgezogen, so, dass man von oben hineinfassen konnte, ohne etwas
zu sehen.

Nicht eine Sekunde dachte Sabine daran, zu schreien oder
nein zu sagen. Sie war innerlich so klein, dass sie fast nicht
mehr da war.

Der Mann griff nach ihrer Hand und führte sie in seine Hose.
„Fass ihn an", befahl er leise, aber unmissverständlich. „Leg
die Hand darum."

Sabine gehorchte. Sie hatte keine Ahnung, was sie dort an-
fasste. Es war hart und wirkte wie eine Stange oder ein Rohr,
hart und seltsam. Natürlich wusste Sabine, dass Männer dort
einen Penis hatten, aber der war doch normalerweise klein und
schlaff wie bei ihrem Bruder.

Der Mann stöhnte und schloss einen Moment die Augen.
Seine freie Hand zitterte und er ballte sie kurz zu einer Faust.
Dann ließ er sie los.

Sabine zog die Hand zurück, völlig eingeschüchtert und ver-
unsichert.

Der Mann knöpfte seine Hose wieder zu.

„Wie heißt du?", sagte er, nun etwas ruhiger.

„Sabine", sagte sie wahrheitsgemäß. Sie wäre nicht auf die
Idee gekommen, nicht die Wahrheit zu sagen. Ihre Angst hatte
ihr Denken ausgeschaltet.

„Und der Nachname? Wo wohnst du?"

Sabine nannte ihren vollständigen Namen und ihre Adresse.

Später, als Erwachsene, fragte sie sich häufig, warum sie ihm Auskunft gegeben hatte.

„Wenn du jemandem erzählst, was hier passiert ist, bringe ich dich um. Ich werde dich beobachten. Wenn du nicht aufpasst, schnappe ich dich und dann kannst du was erleben. Also sag niemandem, dass du hier warst. Hast du mich verstanden?"

Seine Stimme klang eindringlich, wieder hatte er Sabine am Arm gefasst. Sein Gesicht war ganz dicht vor ihrem. Sie nickte. War es nun vorbei? Sie wollte nur weg. Erneut schluckte sie ihre Tränen hinunter und hatte dabei einen metallischen Geschmack im Mund.

Nun wurde seine Stimme freundlicher.

„Dann geh jetzt. Und wenn ich dich und deine Freundin hier nochmal erwische, kannst du was erleben. Und ich werde dich beobachten, versprochen!"

Er schob Sabine vor sich her zur Haustür. Grell stach ihr die Sonne in die Augen. Dort winkte er ihr sogar zum Abschied. Sabine winkte auch, er lächelte, sie erwiderte das Lächeln. Es war ihr vorgekommen, als ob sie Stunden in dem dunklen Hausflur gewesen war, doch es konnten nur ein paar Minuten gewesen sein. Ihr Vater würde bestimmt schimpfen und sich wundern, warum sie für den Weg so lange gebraucht hatte.

Nur wenige Augenblicke und ein paar Häuser weiter – Sabine hatte sich von den Haustüren ferngehalten, sogar einen Bogen darum gemacht – kam sie zu dem von ihrem Vater beschriebenen Haus und klingelte. Als der Summer ertönte, stieß sie die Tür auf und ging mit angehaltener Luft durch das Treppenhaus hoch in den ersten Stock. Freudig öffnete er ihr die Tür.

„Da bist du ja, mein Schatz! Komm, wir machen uns einen schönen Nachmittag!" Er umarmte seine Tochter und Sabine verlor kein Wort über die letzten Minuten, nicht an diesem Tag und auch nicht am nächsten.

Die folgenden Wochen und Monate traute Sabine sich kaum auf die Straße. Sie fragte ihre Freundin, ob sie zu ihr kommen wollte, und sie spielten nicht wie sonst tagsüber im Park. Auf dem Weg zur Schule hatte sie Herzklopfen. Ihren Vater besuchte sie in seiner neuen Wohnung nicht mehr. Wenn er fragte, hatte sie Ausreden und von sich aus bot sie es ihm nicht an. War sie doch einmal draußen, suchte sie mit den Augen die Umgebung ab, ob der Mann irgendwo stand und sie beobachtete. Sie hatte Angst, er würde sie wieder in einen Hauseingang ziehen.

Es dauerte mindestens fünfundzwanzig Jahre, bevor sie jemandem diese Geschichte erzählte. Zu dem Zeitpunkt war der Kontakt zu ihrem Vater schon längst abgebrochen. Er beschwerte sich später einmal, sie hätte ihn ja nie besucht. Um die Wahrheit zu sagen, das Mädchen hieß nicht Sabine, sondern Andrea. Und es war nicht irgendein Mädchen, sondern das war ich.

Heute, mit Mitte Vierzig, weiß ich: Man lässt kleine Mädchen nicht allein durch unheimliche Straßen laufen. Man holt sie ab und bringt sie heim, so wie ich das bei meinen Kindern gemacht habe. Und wenn ich merken würde, dass mein Kind mich nicht besucht, würde ich nach dem Grund fragen und so lange nachhaken, bis das Problem geklärt wäre. Ein paar Fragen hätten sicherlich interessante Dinge zum Vorschein gebracht. Stattdessen habe ich mich jahrelang schlecht gefühlt, dass ich meinen Vater nicht besucht habe, obwohl der doch extra ... Wäre unsere Beziehung mit einem Scherbenhaufen zu vergleichen, wäre dieser Vorfall sicherlich eines der größeren Stücke, ein großer Schritt zu einer verwaisten Beziehung.

Unsortierte Gedankengänge IV

Jennifer Roseneck

Ich kann meine Gedankenmühle mal wieder nicht stoppen, also werde ich blindlings alles schreiben, was mir in den Sinn kommt. Momentan habe ich das Gefühl, ich platze bald. All die Jahre habe ich alles runtergeschluckt. „Man muss halt mal den Arsch zusammenkneifen." „Musste mal die Zähne zusammenbeißen." Nein, MUSS ich gar nicht! Ich kann nicht, ich WILL nicht! Mich kotzt das alles so an. Warum muss ich mich an jeden verdammten Idiotien erinnern, mit dem ich mal was hatte? Warum kann ich diese ganzen Gefühle nicht vergessen? Es muss doch mal ein Ende haben! Meine Gefühle sind wie ein Motor, immer weiter treiben sie mein Leid an. Ich will mich nicht andauernd daran erinnern müssen, welche Menschen mich verletzt haben. Welche Menschen mich im Stich gelassen habe. Welchen Menschen ich anscheinend nicht wichtig genug war. Verdammt, ich bin wichtig! Ich will meinen Partner lieben können, ohne Angst zu haben, dass er mich verlässt, wenn ich was Schlechtes sage oder ihn nicht an mich heran lasse. Ich will kein schlechtes Gewissen haben, weil ich nicht mit meiner Mutter reden kann. Ich will keine Angst vor der Zukunft haben. Ich will in einem schönen Beruf arbeiten, ich will Kinder haben. Wie soll ich meinen Kindern Liebe geben, wenn ich mich nicht mal selbst lieben kann?

Ich kann diese ganze Angst einfach nicht mehr unterdrücken. In letzter Zeit spiele ich ständig mit dem Gedanken, in die Küche zu gehen und einfach tief zu schneiden. Dieser Gedanke macht mich krank. Ich bin krank. Früher habe ich nur geritzt. Mit einem stumpfen Gegenstand ist man länger beschäftigt und die Wunden sind nicht tief. Sie sind kaum zu sehen. Seit ca. fünf Jahren, als ich schon mehrmals in der Küche stand, hab ich mir gesagt: NEIN! Kein Mann ist es wert, dass du auch noch auf diese Weise leidest! Seitdem habe ich nicht mal mehr geritzt. Aber der Wunsch wird größer, weil der Druck einfach immer größer wird. Ich habe einfach kein taugliches Ventil. Ich schreibe Gedichte, ich schreibe Geschichten, ich heule beim Musikhören, beim Filmegucken, sogar bei den bescheuertsten TV-Serien, nur wenn irgendjemand ein Problem hat. Ich kann es auf Dauer einfach nicht mehr zurück halten.

Und seitdem in der Klinik gesagt wurde, dass meine periodischen Depressionen nur ein Symptom sind und nicht die Krankheit, bin ich gleichzeitig befreit, weil nun endlich alles zusammen passt. Andererseits macht es mich wütend! Ich fühle mich jetzt berechtigt dazu, auch mal auszutricksen. Schließlich bin ich ja nicht normal, jetzt darf ich das ja, schließlich hab ich ja nicht mehr alle Tassen im Schrank. Schließlich war ich im Hotel zur lockeren Schraube. Mit diesen beknackten Ärzten, bei denen man das Gefühl hatte, sie schlafen gleich ein.

„Sie brauchen eine anständige Schlafhygiene. Bleiben sie mal so lange wach, wie's geht, und gehen sie dann erst schlafen."

„Na, nicht, dass ich dann bei Gesprächen mit anderen einschlafe", hätte ich ihr am liebsten entgegen gebrüllt. Aber ich kann es nicht! In diesen Momenten, in denen irgendetwas falsch läuft, sitze oder stehe ich nur dusselig da und halte krampfhaft meinen Deckel zu. Weil ich nicht weiß, was passiert, wenn ich die Büchse der Pandora öffne.

Ich würde gerne mal irgendwem so richtig aufs Maul hauen, meinen ganzen Frust ablassen, diese ganzen beschissenen Gefühle rausschreien. Um mich treten und schlagen, mein Mobiliar zerhacken. Mit dem Messer in der Stadt Amok laufen. Aber verflixte Scheiße, ich KANN es einfach nicht.

Das einzige was ich hinbekomme, ist in allen erdenklichen Situationen rumzuheulen.

Ich stehe wie der letzte Depp vor der Klasse und alle starren mich an, während ich stammelnd mein Referat halte. Die Notizen in Klarsichtfolie, weil ich sie sonst durchschwitzen würde. Versuche das Blatt gar nicht erst zu halten, sonst könnte ich vor Nervosität gar nicht lesen. Denn leider muss ich lesen, ich habe alles vergessen. Gott nochmal, ich kann das scheiß Referat

AUSWENDIG! Es ist alles weg. Ich stammle mir einen Wolf und lasse noch mehr weg, um fertig zu werden. Und alle glotzen mich an. Mich fettes Schwein. Die am liebsten im Müllcontainer herumlaufen würde, damit man ihren Körper nicht sieht. Ob 60, 70, 80, 90 oder 100 Kilo, ist alles gleich schlimm. Ich bin einfach unästhetisch und zu nix in der Lage.

In den Klausuren fang ich an, zu heulen, weil mich schon die Fragestellung überfordert. Im Wiederholungsjahr sitz ich im Unterricht und langweile mich, weil ich alles schon kenne und weiß.

Am Semesteranfang geh ich motiviert hin, je größer der Druck, umso unregelmäßiger werden meine Schultage. Dann bin ich frustriert, weil ich nicht hingehe, was mich wieder so frustriert, DASS ich nicht hingehe, und das frustriert mich dann so, dass ich nirgends mehr hingehe. Dann hock ich im Winter zu Hause und wandle totengleich durch meine Wohnung.

Jeden Tag der gleiche beschissene Gesichtsausdruck.

„Wie geht es uns denn heute?"

„Wie immer (beschissen, danke der Nachfrage)."

Wie soll es mir schon gehen? Interessiert doch eh keinen. Und wenn schon? Was wollt ihr machen?

„Na, gut geschlafen?" Ja, klar, Witz des Tages, wenn ich mal schlafen könnte! Jede Nacht lieg ich da und warte, dass die Zeit herum geht, wenn ich Glück habe, döse ich zwischendurch ein. Wenn dann morgens endlich der Wecker klingelt, denke ich mir: ‚Leck mich am Arsch!' Ich steh doch jetzt nicht auf, hab die ganze Nacht nicht geschlafen. Jeden Tag dieselbe Leier. Jeden Tag den Stein den Berg raufschieben und ihn dann fröhlich runter rollen lassen. Sorry, das macht mir schon seit meiner Kindheit keinen Spaß mehr. Der Stein wird immer größer, die Kraft immer kleiner.

Ich bin einfach ausgepowert. Leer. Zu viele Gefühle = ERROR. Ich mache da nicht mehr mit. Je lauter ich schreie, umso tauber werden die anderen.

„Ja, also Frau XY, wir können Sie leider nicht hier behalten.

Sie profitieren leider nicht von den Therapien wie die anderen Patienten. Sie nutzen ja auch Ihre Therapien nicht richtig. Sie müssen ja nichts machen, was Sie nicht wollen, wir wollen Sie keinesfalls unter Druck setzen."

NEIN, natürlich nicht! Ich fühle mich ÜBERHAUPT NICHT unter Druck gesetzt, wenn man mir sagt, dass man mich aus der Klinik wirft, wenn ich nicht brav und artig alles mitmache, was auf meinem Programm, steht. ENTSCHUL-DIGUNG, ich bin krank, ist das schon mal wem aufgefallen? Was, in Gottes Namen, kann ich dafür?

Jedes Mal, wenn ich nach Hilfe frage, schlägt mir irgend-jemand ins Gesicht. Und ich frage immer wieder. Und wieder eine. Aber ich frage jedes Mal wieder. Jedes Mal laufe ich mit Vollgas gegen die Mauer, falle um, bleibe liegen und stehe wie-der auf, um wieder dagegen zu rennen. Irgendwann muss es doch mal klappen!

„Wir sind einfach die falsche Klinik für Sie. Wir wollen nicht, dass Sie Ihre Zeit absitzen."

Och, wie lieb. Und, was meinen Sie, tue ich grad zu Hause? Mir fällt die Decke auf den Kopf, meine Therapeutin ist im Ur-laub, Vorstellungsgespräch für eine Klinik ist ‚schon' in zwei Monaten. Ich habe keine Ahnung, wie es mit dem Abitur wei-tergehen soll, ob ich meine Therapie wechseln soll. Die einen sagen ja, die anderen nein, und ich weiß wieder nicht, in welche Richtung. Auf dem Pfeil nach links steht rechts und auf dem Pfeil nach rechts steht links. In welche Richtung also gehen? Links-rechts oder rechts-links? Letztendlich laufe ich im Kreis.

„Ich kann Ihnen nicht versprechen, dass Sie in der Klinik aufgenommen werden. Es gibt einfach Menschen, denen geht es schlechter als Ihnen."

Na, das ist ja fein. Soll ich machen, dass es mir schlechter geht? Ich brauch nur aufstehen, die Küche ist keinen Meter ent-fernt. MUSS das Kind denn im Brunnen erst verwesen, bis ei-nem auffällt, dass es überhaupt weg ist, geschweige denn, dass der Brunnen keinen Deckel hat?

Ach wie gut, dass keiner weiß, dass ich Rumpelheinzchen stieß!

Das Fass ist voll Leute, wacht endlich auf. Erkennt, was ich schon seit Jahren weiß. Steht zu eurem Wort! Kommt von eurer Zuschauertribüne runter, das Theater ist zu Ende! Ich ertrage das einfach nicht mehr länger. Ich zerbreche einfach immer mehr und irgendwann kann man einfach nicht mehr kleben, dann ist nichts mehr da, was man kleben könnte. Hört endlich zu! Schaut endlich hin! HANDELT!

Unsortierte Gedankengänge VI

Ich habe in letzter Zeit oft das Gefühl, ich werde langsam wahnsinnig. Oder ich verliere allmählich den Verstand.

Eigentlich ist heute nicht wirklich was vorgefallen. Mein Freund meckerte in nicht mal so lautem Ton und ich glaube, ich habe nicht mal geantwortet, ich saß nur blöde vor dem PC und meine Gedankenspirale schaltete auf Autopilot.

Seit wann hat er eigentlich eine Vormundschaft für mich? Ich hätte am liebsten meine EC-Karte vor seinen Augen zerknickt. Ich brauche sie ja eh nicht, wenn er sich um die Finanzen kümmert ... aber ich saß nur blöd im Sessel. Irgendwann bin ich dann ins Schlafzimmer und wollte was fertigen. Leider sind meine Perlen beim Transport durcheinander gekommen und ich habe zwei Stunden auf dem Bett gehockt und stupide vor mich hin sortiert. Und meine Schleife lief und lief. Wozu mache ich das eigentlich alles? Warum ist alles, was ich tue, nicht gut genug? Warum gibt es immer an allem irgendetwas auszusetzen?

Ich spielte mal wieder in Gedanken mit meinem Skalpell. Mein Freund ist außer Haus, Geld einzahlen, da ich meinen Einkauf mit Karte bezahlt habe statt bar.

Wenn ich jetzt ins Bad gehe, wie viele Schnitte schaffe ich, bis er wiederkommt? Soll ich dann einfach im Bad hocken bleiben? Und wo? Auf dem Klo, in der Wanne, auf dem Fußboden? Wisch ich das Blut weg oder nicht? Soll ich mich ins Bett legen? Was mach ich hier eigentlich? Ach, ja, ich sortiere Perlen. Irgendwann bin ich dann ins Wohnzimmer zurück und habe mir zwei Folgen ‚Cold Case' angesehen. Nebenbei eine halbe Tüte Nüsse gegessen. Oh, ich hatte gar kein Abendbrot. Um halb neun wurde mir dann Essen auf den Tisch gestellt. Schön, dass ich gefragt wurde, ob ich was will. Es ist viel zu spät zum Essen. Am liebsten hätte ich ihm gesagt, er kann es selbst essen. Doch dann wäre sicherlich wieder ein Streit losgebrochen und diesmal hätten wir sicherlich beide gebrüllt. Oder nur er, und ich hätte weiter geschwiegen. Ich schwieg und ließ das Essen stehen. Irgendwann habe ich es doch gegessen, damit er nicht fragt, wieso ich nichts esse. Ich hatte keine Lust, zu reden. Danach war mir schlecht. Dann dachte ich nur noch ans Kotzen. Ich habe dein scheiß Essen zwar gegessen, aber ich verdaue es sicherlich nicht! Seit wann bestimmst du eigentlich mein Leben? Also PC aus, ab ins Bad, Finger in den Hals. Wie schäbig. Naja, ich glaube es war die ganze Faust im Mund, es kam trotzdem nur Galle. Wo ist das Essen hin? Ach, ist doch jetzt auch egal. Wen kümmert es. Wasser ins Gesicht ein wenig trinken und ins Bett, lesen. Was ich gelesen habe, habe ich schon wieder vergessen. Ich dachte nur noch ans Schneiden. Nehm ich die Ober- oder Unterseite des Armes? Ein langsamer Schnitt oder einfach drauf los stochern? Eigentlich wäre herumwüten und ein wenig rumbrüllen doch auch mal nett. Am besten irgendwas klein hauen. Dabei aussehen wie eine Irre und den Rotz aus der Nase laufen lassen. Ich lieg völlig verkrampft im Bett, in Embryonalstellung. Das Stofftier im Schwitzkasten und die Fingernägel im Handballen vergraben.

Was mach ich denn jetzt? Ich glaub, ich dreh noch mal durch. Irgendwann brennt meine Sicherung durch.

Momentan sitz ich am PC und fühle nichts. Existiere ich noch? Die Musik bringt mich nicht mal zum Heulen. Eigentlich geht es mir doch jetzt wieder gut. Im Verdrängen bin ich Meister meiner Klasse. Warum bekommt man für so etwas eigentlich keine Auszeichnung?

Eigentlich weiß ich gar nicht mehr, warum ich schreibe.

Ich glaub ich verschanz mich erst mal auf dem Sofa.

Warum

Ich werde wieder wütend, vor allem auf meine Mutter. Jahrelang geht es mir schlecht und ich bekomme immer nur zu hören: ‚Ich mach mir Sorgen‘, ‚Ich will dir helfen‘ und ‚Reiß dich zusammen‘.

Eine wirkliche Hilfe wäre es gewesen, mir zu erzählen, dass eigentlich die ganze Familie unter depressiven Phasen leidet, mit mir vielleicht mal zu einem Arzt zu gehen und abchecken zu lassen, ob ich vielleicht eine Störung habe.

Seit Jahren weiß ich aus eigener Recherche, dass meine Mutter depressiv ist. Nach neusten "Eigenforschungen" würde ich sogar behaupten, meine Mutter hat selbst gewisse Borderlinezüge.

Wieso hat sie sich nie die Mühe gemacht, sich selbst zu erforschen? Und vielleicht was zu ändern? Und vor allem mich zu unterstützen und mich nicht einfach meinem Schicksal zu überlassen? Ich hätte schon vor Jahren gezielt an mir arbeiten können. Was hätte alles anders laufen können!

Wenn ich nur ein bisschen was von ihr geerbt habe, dann setze ich mich schon durch. Ja Mutti, weißte was? Ich habe jede Menge von dir geerbt! Den ganzen psychischen Scheiß! Und du hast mich damit alleine gelassen. Vom Weggucken wird nichts besser! Aber das verstehst du nicht. Deine Sicht ist so begrenzt und du weißt es nicht mal.

Nach den ersten Therapie-Stunden ging es dir schlechter. Ja, so ist das, wenn man in seiner eigenen Scheiße herumwühlt. Man muss dran bleiben, damit es besser wird. Im Grunde bist du nicht stark, sondern schwach. Du unterwirfst dich deiner Krankheit und verschließt die Augen. Du verdrängst alles und läufst stur deinen Weg. Du siehst gar nicht, wo du lang läufst.

Im Grunde habe ich dann doch weniger geerbt. Ich kämpfe. Dafür, dass es mir besser geht. Dass ich glücklich werde. Ich lerne, mit meinen Emotionen umzugehen.

Lange wollte ich keine Kinder haben, weil ich dachte, man

kann ein Kind doch nicht in diese Welt setzen! Es gibt nichts, was ich ihm bieten könnte, die Welt hat nichts zu bieten. Überall nur Böses. Tja, aber ich bin eine Frau und ich möchte Mutter werden. Und ich habe Angst, zu versagen, Angst, dass mein Kind genauso unglücklich wird wie ich und emotional verstört. Ich kann niemandem was beibringen, was mir keiner beigebracht hat. Was ich ihm beibringen kann, ist mit seinen Problemen selbst fertig zu werden, herumzubrüllen, statt zu denken, unzuverlässig und gefühllos werden. Tolle Aussichten.

Ich war als Kind lieber bei meinen Omis und Tanten, weil sie sich wenigstens mit mir beschäftigt haben. Ich hab meinen Kummer mit Süßem befriedigt.

Ich hab mit dreizehn in einem Aufsatz geschrieben, dass ich mit der Figur mitfühlen kann, weil ich mich genauso fühle: einsam. Ich kann mich an kein Gespräch darüber erinnern. Ich hab mir die Arme aufgeritzt, du hast oder wolltest es nicht sehen. Papa hat nur einmal einen Verband gesehen und wusste sofort was los ist. Aber ein Gespräch gab es nie.

Wir hatten ein Gespräch über die Gothic-Szene. Es gab keine Gespräche über meine Beweggründe und Gefühle.

Als kleines Kind war ich zutraulich gegenüber anderen. Ich wäre mit jedem mitgegangen, Hauptsache, man beachtete mich.

Ich hab mich als Jugendliche in gefährliche Lagen gebracht und hatte Glück, dass mir nichts passiert ist. Ich habe mich mit einem Fremden getroffen und bin mit ihm im Auto herumgefahren, wir waren an einem abgelegenen Ort und er wollte was von mir. Ich hab ‚nein‘ gesagt. Er hat es akzeptiert.

Ich halte nichts von One-Night-Stands, aber es gab Jahre, da ging ich mit jedem eine „Beziehung" ein. Zwei, drei Wochen, eventuell ein paar Monate. Hauptsache, ein wenig Nähe.

Mit neunzehn war ich fünf Monate mit einem 15 Jahre älteren Mann zusammen, der eine Affäre mit einer verheirateten Mutter hatte, und ich wusste das. Sie hat ihn manipuliert und er hat mich schwer geprägt. Danach hab ich die Therapie angefangen, weil meine Ärztin mich nicht mehr krankschreiben wollte und meine Ausbilder sind mit mir zu einem Psychiater. Warum hast du das nicht gemacht?

Noch nicht zu Ende

Sabine Kohlert

Ich müsste etwas spüren. Aber ich habe keine Tränen für dich. Ich kann dir nicht folgen und muss damit leben, dass sie unausgesprochen blieb, die Liebe, die ich für dich hatte. Ich konnte es dir nie sagen. Jetzt ist es zu spät. Nein, es war meine Entscheidung. Ich bedaure sie nicht. Ich rufe dir hinterher. Ich habe dich geliebt. Manchmal fühlte es sich dünn an, dieses Gefühl. Manchmal war das Eis betretbar. Darauf herumspringen wollte ich nie. Es war nie ein beständiger Boden. Vielleicht wäre es einer geworden, hättest du mir die Hand gereicht. Womöglich hätte ich mich getraut. Aber auch du hattest deine Entscheidungen getroffen.

Zuerst hatte ich sie nicht verstanden und sie haben mich verletzt. Dann wollte ich sie lieber falsch verstehen, suchte die Schuld bei mir und dann, dann habe ich sie gehasst, deine Entscheidungen, die mich so übel zugerichtet haben. Schnitte, Wunden, die Seele übersät von Narben. Du hast mich entstellt. Was war das doch für ein mühsames Flicken, über die Jahre. Hatte ich eine Naht geschlossen, ging eine andere wieder auf. Aber ich habe sie mit Liebe vernäht, mit Liebe für dich.

Und so bin ich meinen Weg gegangen, habe Stück für Stück den Ballast abgeworfen, den du mir mitgegeben hast.

Blicke ich auf die verschlungenen Pfade zurück, sehe ich immer wieder ein Päckchen liegen, sorgfältig abgestellt. Ich habe mir gut überlegt, was ich zurücklasse. Hier ein Bündel, da ein Stapel, in kleinen Portionen verpackt. Das Gepäck, von dir gepackt, ist ein wenig leichter geworden.

Zeit wird es, das Gefäß selbst zu füllen. Aber allein schon die Gedanken an dich wiegen schwer. Hört es nie auf?

Ich dachte, wenn du nicht mehr bist, würde es von selbst heilen. Es würde aufhören. Der große Strom, der mich behindert hat, würde vertrocknen. Jetzt, könnte ich gefahrlos weitergehen. Aber, der Quell sprudelt noch. Eine giftige Quelle, die scheinbar nie versiegt. Sie plätschert und wispert und lässt mir keine Ruhe.

Ich könnte dir einfach vergeben. Aber, ich bin noch nicht soweit.

So trage ich das Band mit den Dornen weiter um mein Herz. Aber ich trage es mit Stolz. Denn ich bin so viel stärker als du. Wirst du daran zerbrechen? Ich werde es nicht verhindern.

Mit meiner Entscheidung muss ich leben, aber ich rufe dir hinterher: Ich habe dich geliebt.

Lasst mich los

Doris Steiner

Warum könnt ihr mich nicht loslassen?

Warum könnt ihr mich nicht einfach loslassen?

Wisst ihr eigentlich, was ihr da macht? Was ihr mit mir macht? Diese ewigen Gedanken, das ewige Gerede, ich möchte das nicht, ihr macht alles nur noch schlimmer, verzieht euch aus meinem Kopf, aus meiner Gegenwart, aus meinem Leben.

Immer wollt ihr mich beeinflussen, aber das machts nicht besser, das macht gar nichts besser, ihr bringt mich dazu, Dinge zu tun, die ich nicht möchte, die schlecht für mich sind, Dinge, die mich kaputt machen, mich verletzen, mich zerstören!

Merkt ihr gar nicht, dass ihr euch selber mehr schadet? Ihr wollt etwas von mir und bekommt es nicht, weil ich es nicht kann, weil ich es nicht will, weil ich es nicht schaffe, aber ihr setzt so hohe Erwartungen!

Ich kann so nicht mit euch arbeiten, es macht mich fertig, ihr macht mich fertig, ich möchte nicht mehr reden, ich möchte nicht mehr an euch gebunden sein, ich will hier raus!

Ihr habt gesagt, wenn du nicht reden willst, dann schreib, und jetzt?

Jetzt sitze ich hier und schreib meine Gefühle auf, meine Gedanken, meine Wünsche, meine Ängste ... Ja, ich habe Angst, meine Noten sind nicht gut, vielleicht komme ich nicht in die 9. Klasse, vielleicht werde ich nie was schaffen, bisher war ich auch in allem schlecht. Ich mag dieses Leben nicht, aber ich brauche es, sonst kann ich gar nichts schaffen, aber ihr wollt es ja nicht, ständig geistert ihr in mir rum und sagt: „Mach das, danach geht's dir besser!"

Wehr dich, danach hast du deine Ruhe, wir was dagegen, du brauchst keine Kameras, die dich beobachten, rede mit uns, reden hilft, aber nicht mit euch, dann fühle ich mich bloß wieder schlechter, und ich kann es auch nicht, versteht ihr nicht? Bei den einen kommt es rüber, als führe ich Selbstgespräche, und bei den anderen sage ich nur etwas, was sie glücklich macht, was ihnen das Gefühl gibt, dass ich Fortschritte mache, dabei möchte ich einfach nur weg.

Vielleicht wissen sie, dass ich sie belüge, vielleicht auch nicht, aber ihr haltet mich fest, ihr haltet mich alle fest und ich kann mich nicht wehren, warum könnt ihr mich nicht loslassen? Warum könnt ihr nicht loslassen, ist es wirklich ein so unvorstellbarer Gedanke, dass ich mal genießen möchte? Ihr zwängt mich immer in eine Ecke, aber ihr könnt auch nicht loslassen, wenn ich unter euch einknicke, zieht ihr mich zurück. „Tu es!" Ich höre immer nur: „Tu es endlich!" und „Dann hast du alles los", und wenn ich nachgebe: „Was ist mit den anderen, was ist mit deinen Freunden, deinen Verwandten, deiner Familie?"

Dann sollen sie doch loslassen, irgendwann ist jeder weg. Dann wieder höre ich: „Nein, sie brauchen dich, du kannst sie nicht im Stich lassen!" Ja toll, was soll ich bitte machen? Ich hasse es, ich hasse es, so zu sein! Und dann werde ich wieder eingesperrt: „Du bist eine Gefahr, für andere und für dich selbst!", sagen sie, ja und? Irgendwie muss ich doch spüren, dass da noch was ist, dass nicht alles weg ist! *Ihr* lasst mich doch nicht raus, *ihr* haltet mich fest, *ihr* sperrt mich doch ein, und dann wundert ihr euch, dass ich immer mehr verzweifele, dass ich mich immer mehr zurückziehe, dass ich mich gegen euch wehre?

Lasst doch endlich los! Lass doch einfach los, lasst mich doch einfach los, ich kann euch nicht mehr ertragen, ich will euch nicht mehr ertragen, ich will hier weg! Ich kann nicht mehr! Warum das alles? Warum seit ihr so zu mir, das ist zu viel, eure klammernden Griffe, wie ihr mich alle festhaltet, ich bin kein guter Mensch, und ich werde es nie sein, nie, lasst mich los, nehmt eure Hände von mir! Lasst mich los!!!

Die Mauer

Doris Steiner

Was passiert mit mir?

Ich sitze hier und warte, worauf?

Ich weiß es nicht, ich sitze und warte und tue nichts, gar nichts.

Ich denke nach, warum ich nichts mache, ich kann es nicht erklären.

Um mich herum sind Mauern, ich tue nichts um sie einzureißen, im Gegenteil, ich lasse sie wachsen.

Nicht einmal mein Spiegelbild bleibt davon verschont.

Ich baue Mauern und versuche gar nicht erst sie einzureißen.

Möchte ich es vielleicht gar nicht? Finde ich es gut, diese mauern um mich herum zu haben?

Brauche ich sie vielleicht?

Mein Spiegelbild wirkt verschwommen. Was passiert mit mir?

Die anderen verstehen mich nicht, sie sehen die Mauer nicht, ich sage ihnen nicht, dass sie aber da ist. Ich möchte nicht, dass sie sehen, wie es in mir drinnen aussieht.

Ich möchte nicht, dass sie sehen, wie leer es in mir ist, dass ich nur eine Hülle bin.

Meine Mauer wird immer größer, ich schwanke. Will ich sie doch einreißen? Ich schau mich um, sehe hier einen Riss, dort ein kleines Löchlein, ich könnte es schaffen, doch dann schau ich nach oben.

Wie hoch sie doch mittlerweile ist! Wenn ich die Mauer nun einreiße, bricht sie dann nicht vielleicht über mir zusammen?

Ich mache es nicht.

Nein, lieber versinke ich wieder in meine Gedanken und gehe an einen Ort, an dem ich mich wohl fühle.

Mein Spiegelbild verschwimmt immer mehr.

Was passiert mit mir? Wer bin ich eigentlich? Wozu bin ich hier? Was tu ich eigentlich? Meine Gedanken kreisen immer mehr.

Meine Mauer wird immer größer und höher.

Was hat er eigentlich gerade gesagt? Ich muss aufpassen, ich sollte aufpassen, ich kann es nicht.

Habe ich mir eigentlich schon Gedanken darüber gemacht, wie ich in der Zukunft alleine leben will?

Das kann ich gar nicht. Nicht so, wie ich zuhause lebe. Ich will mich ja bessern, aber ich schaffe es nicht. Und auch in meinem Zimmer wächst die Mauer, überall wo ich bin, aber ich will das nicht.

Und wieder sitze ich nur, ohne etwas zu tun, vor dem Computer und höre Musik!

Eigentlich haben sie ja recht, ich muss mir Hilfe holen, aber wenn die sehen, wie ich bin? Nein! Das will ich nicht, dass kann ich nicht!

Sie werden sich vor mir ekeln, sich für mich schämen. Machen sie das nicht eh schon?

Nein, ich trau mich nicht, dann sehen alle, was für eine schlechte Tochter, Schwester, Nichte, Enkelin und Nachbarin ich bin. Nein, das geht nicht! Zumindest nicht, solange ich hier bin.

Mein Spiegelbild besitzt keine Grundlinien mehr, ich sehe eine Form, aber kein Bild.

Was passiert mit mir?

Wäre es nicht möglich, dass ich zumindest ein Stück aus der Mauer herausbreche? Vielleicht kann ich ja mit jemandem reden, der so etwas kennt? Der mir Tipps geben kann? Aber nein, ein Fehler, ich hole mir keine fremde Hilfe, was meinst du, wie die über mich reden?

Nein, das kann ich nicht, aber ich spreche es nicht aus. Ich möchte nicht so sein, wie ich bin!

Vielleicht zeige ich euch ja, wie ich bin, aber noch nicht jetzt, erst dann, wenn ich es selber nicht mehr mitbekomme!

Mein Spiegelbild ist nur mehr ein Strom aus verschiedenen Farben.

Was passiert mit mir?

Die Mauer kann ich nicht mehr einreißen, sie ist so hoch, dass ich die Spitze nicht mehr sehe. Die Mauer bringt mein Leben außer Kontrolle.

Hatte ich jemals die Kontrolle darüber? Ich weiß es nicht, ich will es nicht wissen, ich weiß nur, dass es bald zu Ende sein wird. Zumindest das sichere Leben. Aber ich möchte nicht da raus, ich möchte nicht in den Strom aus Kälte, Hass, Abscheu und minimalem Sinn gestoßen werden.

Ich möchte euch noch nicht verletzen, aber so kann ich es auch nicht.

Nein, lieber bin ich gar nicht mehr bei euch.

Wieder höre ich Musik, Musik ist eh mein einziger Rettungsring, aber es bringt nichts mehr.

Was soll ich nur tun? Gehe ich? Für immer? Oder hol ich mir doch Hilfe?

Mein Spiegelbild besteht nur noch aus einem Strom mit der Mischung aus allen Farben, die es mal hatte.

Was passiert mit mir?

Ich sehe mich, wie ich in einem Raum sitze, mit einer Zigarette in der Hand, auf einem Stuhl, der neben einem Tisch steht. Mir gegenüber sitzt ein Typ, ziemlich jung, doch älter als ich.

In diesem Moment spüre ich, was ich tun muss.

Ich darf nicht hierbleiben, auch wenn er mir helfen kann.

Mein Spiegelbild ist weg. Ich sitze im Auto und kann mein Vorhaben nicht zu Ende bringen. Vielleicht war es doch die falsche Entscheidung.

Mein Spiegelbild ist wieder da, so klar und fest wie schon lange nicht mehr, meine Mauer bröckelt und ich öffne mich.

Ich komme an einen Ort, der eine spezielle Mauer für mich hat. Eine, die gut ist.

Mit einer Zigarette in der Hand, im Raucherraum, erlebe ich ein Déjà-vu: Mir gegenüber sitzt der Typ, den ich in meinem Traum gesehen hatte.

Mein Spiegelbild ist weiterhin da, und er begleitet mich durch diese Zeit.

Was war mit mir passiert?

Egal, die Mauer ist weg und ich beginne wieder zu leben.

Chronologie einer Mutation – Ausschnitte

Dora Sun

Das Kind hatte ständig Hautauschläge. Die Kleidung tat weh. Sie suchte dem Kind nur Markensachen aus, damit es sich an die Ästhetik gewöhnte. Er verhandelte mit dem zweijährigen Kind. ‚Einmal darfst Du aussuchen und einmal die Mama.' Das Kind war klug. Es war einverstanden. Es ging nicht lange gut. Sie brach das Versprechen und das Kind schrie. Die Kleidung, die es aussuchte, passte ihr nicht.

Als das Kind 3 Jahre alt war, ließ sich die Mutter scheiden. Sie fühlte sich sexuell und menschlich vernachlässigt. Sie war schon mal fremdgegangen. Der Vater verzieh ihr. Er kämpfte um seine Frau, wie es sich für einen Ehemann gehörte. Norbert war aber nur der Anfang eines Spiels, das die Mutter für sich entdeckt hatte. Ein Mann tauchte nun auf, der Französisch sprach, wie sie. Er war musikalisch und ein Freund einer Freundin, die schon immer gegen ihn war.

Das zweite Kind kommt auf die Welt, ehe die Scheidung durch ist.

Sein Kind kommt in die Schule. Die Großmutter, ihre Mutter, kümmert sich oft um den Haushalt. Von dem Großvater, ihrem Vater, ist sie es gewohnt, mit Geld und Materiellem überladen zu werden. Sie fordert es geradezu ein. Er war auch nie für sie da, genau wie ihr Ex-Mann. Ständig auf Reisen, ständig nur das Geschäft. Irgendjemand musste ja das Geld verdienen. Sie blieb lieber zuhause. Sie ließ sich gerne teuer dafür bezahlen. Sie belog ihren Vater, als er sie bat, mit dem Rauchen aufzuhören, für 20.000 Mark. Sie sagte sofort zu und rauchte heimlich. Er zahlte.

Mit 10 Jahren ist das Kind immer noch ein kluger Weiser, das dem Herzen stets einen Schritt voraus ist. Es ist noch kindlich, in sich gekehrt. Die Ermahnungen der Mutter, den Blick nach Außen zu richten, dringen noch nicht durch.

Es ist kurz vor Weihnachten. Das Kind kauft mit dem Vater ein Geschenk für die Mutter. Handschuhe und einen Schal mit lustigen Streifen. Den Kassenbon behält es, falls ihr das Geschenk nicht gefällt und sie es gegen etwas Besseres umtauschen will.

Das Kind wünscht sich nichts, bekommt aber ein Fahrrad mit Helm, alles Markennamen, ein Smartphone und Geld; die Großeltern sind großzügig und die Mutter weiß, wie man mehr aus ihnen herausholen kann. Wie mit der Lüge über die Versicherung, die sie ihrem Sohn zahlt, bis sich herausstellt, dass der Vater zahlt. Wie immer sagen die Großeltern nichts zu den Betrügereien ihrer Tochter. Es kann ja nur von ihnen kommen. Sie weiß von dem Konto in Italien, davon, wie der Großvater einige Kunden um ihr Geld betrogen hat, er hatte es in der Familie prahlerisch herumerzählt, die Großmutter als Bilanzbuchhalterin war dabei sehr hilfreich gewesen. Sie konnte die Enkel entziehen, wenn ihr etwas nicht passte.

Als das Kind fast 11 ist, lerne ich seinen Vater kennen. Mir gefällt sein Humor.

Am Fußballplatz lässt er sich nicht mehr blicken. Die Mutter versammelt andere Eltern um sich und sie sehen flüsternd zu ihm herüber. Auf der Straße wird er von Leuten, die er gar nicht kennt, komisch angesehen.

Erst mit der Pubertät wird das Kind wie sie. Die neuen Schuhe für den Winter will es nicht tragen. Es steht kein Markenname darauf. Es läuft mit verschnupfter Nase in den Stoffschuhen herum, geht durch den Schnee. Das Äußere ist wichtiger geworden als das Innere. Es hört nicht hin, wenn der Vater es besorgt auf seine Gesundheit anspricht. Das hat das Kind von seiner Mutter gelernt. Die Sprache, derer es sich bedient, ist unter aller Würde. Außen hui, innen pfui.

Der Hautausschlag ist schon Normalität. Der Vater bringt es zum Heilpraktiker. Als die Mutter über den speziellen Tee lacht, ist für das Kind klar, dass es davon auch nichts mehr wissen will. Die anfängliche Begeisterung weicht den Vorwürfen. Nur ein Buch zum Geburtstag? Mein Papa, also der Stiefpapa, hat mir eine Reise in die USA geschenkt.

Der Vater bekommt zum 50. Geburtstag einen Toilettenerfrischer in Form eines kleinen Surfers geschenkt. Das Geschenk ist verpackt. Der Absender ist nicht schwer zu erraten, aber der Vermittler ist nicht mehr sein Kind. Das Kind sieht nicht, was es tut. Der beste Freund der Mutter hat groß gefeiert, alles ist penibel organisiert. Sie sind auf einer Yacht, das Kind ist dabei. Das erzählt es, während der Vater den Toilettenerfrischer betrachtet.

Er, der Vater, gilt nicht mehr. Er glänzt nicht, wie die anderen, mit immer größeren Gaben. Er versucht seinen Sohn zu einem verantwortungsbewussten Mann heranzuziehen, der auf eigenen Beinen stehen kann.

Die Zeit vergeht. ‚Was? Ich bin Luxus halt gewohnt‘, sagt das Kind irgendwann mal.

Nach 15 Jahren verwandelt es sich deutlich. Es mutiert vollständig zum Hitler der Mutter, zu ihrem Vollstrecker.

Das Kind ist 16. Der Kontakt bricht ab. Der Vater gibt ihm nicht genug, woanders bekommt es mehr. Immer mehr. Je mehr der Vater kämpft, umso mehr bekommt das Kind woanders. Es schuldet anderen die Loyalität, mit der er für seinen Luxus zahlt.

Zwei Jahre vergehen.

Der Vater wird schwer krank. Er liegt auf der Intensivstation. Das Kind sagt einen Besuch per Kurznachricht ab. Es ist der 31.12., Silvester mit der Familie geht vor. Um sich zu rechtfertigen, behauptet es, was seine Mutter behauptet. Die Lügenwelt wird größer, das Kind hat Unterstützung. Der Stiefvater, die Großeltern, die Mutter, die Freunde der Mutter. Alle arbeiten gegen das Kind und das Kind arbeitet gegen den Vater.

Irgendwann erwacht der Vater aus dem Koma, in einem neuen Jahr, dessen Übergang er verwirrt akzeptiert. Das Kind meldet sich kurz vor seinem eigenen Geburtstag, ein paar Monate später, als der Vater gerade aus einer Reha zurückkommt, noch unfähig, seine Arbeit wieder aufzunehmen. ‚Weißt Du, was mein größter Wunsch ist? Ein Smartphone von Dir.‘ Der Vater weigert sich. Stellt die Zahlungen, die er seit dem 3. Lebensjahr des Kindes regelmäßig bezahlt, ein. Das kann nicht gerecht sein.

Als das nun erwachsene Kind die Vollmacht für die Klage gegen den Vater unterschreibt, ist es für mich gestorben. Nicht, dass es interessiert, aber darum geht es auch nicht.

Der Vater kämpft nicht mehr um das Kind. Als uns ein blonder Junge auf der Straße entgegenkommt, sehe ich, wie er wegsieht. Der Schmerz braucht Zeit, um zu heilen. Aber er ist stark. Ich nehme seine Hand wortlos in meine.

Lyrisches
Gedichte

pubertät

Manfred Pricha

wer so hilflos hineingeworfen wird
in eine welt der ernährer
abgenabelt und doch verschnürt
sinnt irgendwann auf rache
die abhängigkeit abzuhängen
faul in sinnloser zerstörung
für eine kurze zeit überdosis leben
exzessive launen bis zum bersten
zerbrochen am abgemagerten körper
wie eine häutung sich auflösen
geschützt und schon verbogen
von falscher todessehnsucht
nicht abstreifen zu können
die perfekte selbstbeherrschung
im zirkelschluß der ohnmacht
gebranntes kind des schmerzes

auf biegen und brechen

Manfred Pricha

zwanghaft zur pefektion geprügelt
gediegen und elegante familie
in einem idyllischen elternhaus
verwöhnt mit scheckbuchdiplomatie
verkrüppelte liebe bis zur psychiatrie
brechen zum erfolg verdammt
ein besítztum dem tod geweiht
vernichtungswille der unbotmäßigen
sendungsbewußtsein der verunsicherten
bücher und bildung als zuflucht
half über die zerbrochene zukunft
mit einem vorwurf aus eisen und stahl

am flughafen

Manfred Pricha

bis der kontakt abreißt
verliert sich das kind
im manne abgefahrene züge
die mutter weint schäbig
ohne flugzeuge im bauch
ausgetragene zeitungen
vermißte nachrichten vom tag
am schalter keine durchsage
vom boden aufgehoben
fliegt das spielzeug in die luft
pfeift und läutet unterwegs
die alleinerziehende ordnung

Skulptur

Sigune Schnabel

Ich habe um meine Haut
eine Schutzmauer gebaut.
Doch sie meißelten mein Gesicht
in Stein und schlugen
in die Lachfalten ihre Träume hinein.

An die Wand pflanzten sie emsig Rosen.
Als sie verblühten,
tropften Hagebuttensäfte
durch die Risse im Relief.

Ein Schleifstein schlug in ihrer Brust,
der jede Ecke, jede Kante von mir wetzte
und sie im sich'ren Glauben ließ,
er glätte meine Form.

Veränderung

Sigune Schnabel

Niemals wollte ich
an das Bild stoßen,
das sie von mir aufstellten,
oder achtlos seine Ränder streifen.
Nicht aus dem Rahmen fallen,
keine Hand heben.

Unruhe hielt ich fern von jener Welt,
in der Träume mit spitzen Nägeln
an Wänden hingen
und Glück berechenbar
in Blumentöpfen spross.

Doch eines Tages
schlich ich unbeachtet
zu mir
und drückte feine Macken
in meine Züge.
Pixel für Pixel fiel
vom weißen Grund.

Ein Windhauch blies durch alle Türen,
die mir offen standen,
trocknete die frische Farbe
und hob die Reste alter Tupfer in die Luft.

Draußen fielen rote Wolken herab
wie Herbstlaub
und nahmen sie dämmernd in sich auf.

Elternliebe

Wie viele Male hängte ich in meinen Träumen
Meinungen in eine Baumkrone,
damit der Wind hindurch blies.
Staubkörner fielen wie Mückenschwärme
auf den Grund,
und an den Rändern dünner Löcher
fingen sich Pusteblumensamen.

Nachts pflückte ich die Bündel barfuß,
ging durch Dornen,
da Mutter Rosen pflanzte,
als ich noch schillernd Hoffnung strahlte.

Trugbilder, auf denen ich weilte.
Vor langer Zeit legte sie die Ansichten
in ein Boot,
das sie tief in mich hinein sandte.
Heute ruht es auf trockenem Grund,
nicht imstande auszulaufen.
Ihr Mund spie Asche
in mein Haar hinauf,
dass mich das Grau durch alle Tage trug

und ich dem Schiff aus Angst
vor mir,

vor ihr,

an einem
kalten Herbstabend
das Wasser abgrub.

Mutter

Sigune Schnabel

Sie schnitt Buchstaben aus mir heraus,
die leise und unbemerkt
rote Gedichte tanzten.
Im Herbstwind fielen sie ihr zu Füßen
und raschelten Zerfall.
Seit jenem Tag trägt mein Name Löcher.

Ich zählte mich an fünf Fingern ab
und pflanzte meine Reste ins Blumenbeet.
Manchmal gießt sie Wasser hinein,
während aus ihrem Mund leise der Schnee rieselt:
Eingefroren und unter Eis gelegt,
harre ich
wurzellos,

dabei wollte sie mir nur
Wachstum einhauchen.

Falsche Erwartungen

Sigune Schnabel

Sie sahen Blüten in mir wachsen,
feine Pflanzen, die sie Unkraut nannten
und deren fremder Duft das Feld durchströmte.

Dann pflügten sie mich um
und staunten, dass im Acker Furchen blieben.
Glatt und glänzend sollte ich
in ihrem Licht erscheinen.

Doch Schatten nehmen nunmehr,
wenn sie sich an leere Flächen schmiegen,
in angestrengter Biegung
meine rauen Formen an.

Zweierlei

Sigune Schnabel

Sie pflanzten ihre Wahrheit in einen Blumentopf
und stellten ihn von innen an mein kahles Fenster.
Dann goss ich ihn mit meinem Wasser.
Blätter fielen auf den Teppich meines Lebens.

Im Frühjahr säte ich ein eignes Körnchen Wahrheit.
Es wuchs in andren Formen
und blühte blau.

Sie schoben es beiseite
und schenkten mir erneut von ihren Blumen.
Aus meinem Teppich zogen sie
die braunen Fäden,
und in den Blicken der Vernunft
ballte sich
das Helle
zu Lawinen.

Dieser Sohn

Peter Küstermann

Dieser Sohn
trägt meinen Wahnsinn
in sich

breitgesichtig
unartikuliert
hängelidrig
ohrendeformiert
saugende Konkurrenz
vergreist vor der Jugend
personifiziertes Leid

meine Null-Nummer
Krüppel und doch Mensch
– lächelt mich an

Verstört

Nichts ist mehr wie es war,
und ich es mir im Herzen bewahr'.
Immer mehr sind wir voneinander abgewichen.
Störendes hat sich immer mehr eingeschlichen
und uns negativ beeinflusst.
Zunächst war uns das nicht bewusst.
Immer häufiger haben wir gestritten,
und uns in eine Krise „geritten".
Nun ist der Punkt, wo wir uns hassen.
Ich musste dich verletzt verlassen.
Verstört sitz ich nun ganz allein.
In mir kann keine Freude sein.

du glaubst dass das so einfach wär

Jule Weinrot

Bühnentext

nach außen gibst du diese scheinfassade
du gibst dich eloquent, geschickt, gewandt
jedoch verbirgt im hirn sich remoulade
du hast die lage einfach nur verkannt

du krachtest mit kawumm rasant ins leben
beinah wurdst du gleich wieder fortgespült
was du jetzt treibst wird schwerfalln zu vergeben
du hast auf unserer fundament gezielt

wenn jemand glaubt dass das so einfach wäre
fast zwei jahrzehnte vollkomm' wegzufegen
dann irrt er weil du teil von meinem leben bist
dann irrst du wenn du dich jetzt einfach so verpisst
dann irrst du weil da jemand ist der dich vermisst
ja glaubst du es ist nötig weil dich jemand disst
das alles stimmt und nicht / du warst ein segen
du gabst mir leichtigkeit und jetzt ist schwere

ich halte dich nicht fest / doch fest gehalten
wurdst du für jahre / wirklich gings nicht fester
du pflegst die zukunft und wir pflegen falten
doch ist da auch ein bruder eine schwester

du bist verpeilt / vielleicht nennst du es schweben
du bist gemein / betrampelst unsre liebe
du willst die schätze ganz alleine heben
teilst hiebe aus und denkst wir wären diebe

wenn du jetzt glaubst du möchtest mich bestrafen
dann liegst du falsch denn dieses grenzt an morden
du bohrst mit eisenspeer'n durch eiterwunden
du stoppst die uhr machst aus minuten stunden

du hast die augen mit verband verbunden
darunter seh ich ist dein blick zerschunden
du hältst dich wohl für'n chef vom templerorden
dabei hast du schon lange keinen hafen

was du für liebe hältst ist krank / morbide
und folgt gesetzen dieses sind nicht meine
falls dir dies leben großes glück beschiede
dann freute mich das denk nicht dass ich weine

du hast die kraft zu heilen / du bist weise
du fügst zusamm' was sich ansonsten trennt
doch lügst du auch und baust so eine schneise
von dir zu mir dass man sich nicht erkennt

wenn du jetzt glaubst ich will dich künstlich fesseln
dann liegst du falsch ich will dich nur mal streifen
will einmal wissen wie es war vor jahren
als ich dich hielt / mein mund auf deinen haaren
mit fingern die dir über wangen fahren
will mir dies bild für immer aufbewahren
du bist ein diamant fast ohne schleifen
und ich die distel in nem feld voll nesseln

mein herz ist groß es weitet sich zu leere
du bist die boje die das wasser schaukelt
ich bin ein floß und treib auf offnem meere
dabei ist vieles von dir nur gegaukelt

die liebe ist! sie ist für dich in mengen
sie regnet rosen manche haben dornen
sie macht dass fesseln sich von selber sprengen
und treibt dich um dich weiter anzuspornen

wenn du jetzt glaubst du kannst mich ausradieren
dann sag ich dir es geht nicht ohne wunden
auf mehr'en seiten gibt es tiefe risse
weil nicht nur ich dich fürchterlich vermisse
weil liebe ist! für dich! und deshalb wisse
dass ich für dich die rote fahne hisse
ich würd für dich den erdball ganz umrunden
um dich zu suchen / nicht ganz zu verlieren

ich bin nur herz nichts andres bin ich / eine wunde
die du mir schlugst / sie pocht und nässt es tropft in schüben
und auch wenn ich die erde ganz umsonst umrunde:
ich kann nicht anders als dich immer lieben!

wir gruben nicht / wir wollten wurzeln nur sanft roden
wir gossen wasser / dies hieltst du für sauren regen
du sinkst und sinkst und näherst dich dem meeresboden
wir werden dort für dich ein schweres grabkreuz legen

TU FELIX HARPAGIA NUBE

Frank Stückemann

„Gestohlenes Wasser ist süß
und heimliches Brot schmeckt fein."
SPRÜCHE SALOMONIS

I.

Der große Wurf als Lebensleistung: Prächtig
Versorgt durch Hochzeit und mit Leibesfrucht
Wirft die einst Trächtige dann niederträchtig
Examen, Ehe, Ehrbarkeit und Zucht.

Die Selbstverweigerung wähnt sich allmächtig
Und opfert alles ihrer Eigensucht;
Gewinnträchtig entschließt sie sich bedächtig
Vor jedweder Verantwortung zur Flucht.

Als Wehr und Waffen dienen ihr die Kinder,
Missbrauch des Sorgerechtes und nicht minder
Der Mythos vom heiligen Muttertier.

Die Küken lassen sich die Flügel stutzen,
Das Herz vergiften und den Hintern putzen;
Der Hampelmann von Vater zahlt dafür.

II.

Dies Aas kann unterm Torf nicht schlimmer stinken
Als auf der Erde: programmatisch faul.
Sie aast mit ungewaschen großem Maul,
Denn sie beherrscht das Rechten wie das Linken.

Und stinkt dem Mann ihr ewiges Gemaul,
So wird ihm der Prozess von einem flinken
Abdecker des Familienrechtes winken;
Dann schindet sie den nächsten Ackergaul.

Durch Fleddern ihres näheren Umfeldes
Nährt sie sich als Verweserin des Geldes,
Das aus dem Unterhalt der Kinder kam.

Tief packt dem nackten Mann sie in die Tasche ...
Welch ein Vermögen! Und auf diese Masche
Entblößt sie ihn des Gelds und sich der Scham.

III.

Geld wird veruntreut, weil man Arbeit scheut;
Man braucht es nur zu waschen und verwalten
Und kann sich dabei prächtig unterhalten,
Jahrzehntelang, auf Kosten andrer Leut'.

Nun steht das eigen Fleisch und Blut bereit:
Längst volljährig läßt es sich von der Alten
Für- und vorsorglich unselbständig halten ...
Sie zahlt sich aus, diese Bequemlichkeit!

Nur der Gedanke an die Rechnungslegung
Versetzt Madame in panische Erregung,
Weil sie die Wirtstiere verlieren kann,

Durch deren Weichspülung sich die gestörte
Zwanghaftigkeit parasitär ernährte,
Der Habgier treuer als jedwedem Mann.

IV.

Die Welpen richtet sie zum Apportieren
Auf die Geldbörse ihres Alten ab
Und hält den einen wie die andern knapp,
Um möglichst alles für sich abzuführen.

Sie mästet ihre Konten, bringt durch ihren
Schmierigen Rabulist den Ex auf Trab,
Die Meute lässt sich hetzen, doch es gab
Hier eine Zukunft, einen Vater zu verlieren:

Sie feilschen um den Unterhaltsanspruch,
Erstreiten ihn als Erbteil und als Fluch;
Um was man sie gebracht, erschließt sich später.

Die zynische, müßige Existenz
Der Alten profitiert von der Sentenz,
Und er sieht nur charakterlose Köter.

V.

Um sich zu schämen, braucht man Schamgefühl,
Doch das hat diese Bande nicht besessen.
Stattdessen wird von fremdem Gut gefressen,
Und man betreibt es als Gesellschaftsspiel.

Nie wird es langweilig und nie zuviel;
Wer schuftet ist der Schuft und wird vergessen,
Und klagt er, grinsen ihre fiesen Fressen,
Und weiter plündern sie in großem Stil.

Das nicht Verzehrte bleibt der Zukunft wegen
Als heimliches Vermögen anzulegen,
So dass sich Müßiggang vor Arbeit schützt.

Schuld ist, wer es verdient, wer nicht: begnadet.
Recht ist, was diesem Volk – der Mehrheit – nützt,
Und Unrecht, was diesen Schmarotzern schadet.

VI.

Nach zwanzig Jahren Dienst als Entertainer
Für seine Kinder (laut Familienrecht
Alleine unterhaltend) meinte jener
Hans Narr, er habe nun genug geblecht.

Da kannte er die ganze Sippschaft schlecht:
„Ein Vater sein? – Das wäre ja noch schöner!
Wir sind die Tagediebe, er der Knecht,
Und weiter zahle unser Tagelöhner!"

An ihm vollziehen sie nun das Gericht,
Um noch mehr Geld zu angeln und erzählen
Märchen von „Mama", die nie in der Pflicht ...

Geist bleibt der Selbstbehalt, ist nicht zu stehlen,
Geist lässt sich nicht verstecken noch verhehlen,
Geist liebt man oder man versteht ihn nicht.

VII.

Der Rechtsanspruch erkennt, wer rupfbar ist
Und als Verdienender legal zu plündern;
Die Früchte seiner Arbeitskraft genießt
Ein Kollektiv aus Blutsaugern und Schindern.

Wer die Erwerbsobliegenheit vergisst,
Braucht seine Ansprüche nicht zu vermindern,
Das sicherste der Einkommen erschließt
Die Sippenhaft von Eltern, Ex und Kindern.

Familienrecht gibt es nur in Gestalt
Berechnender und unberechenbarer
Schröpfköpfe der Justiz: Welch wunderbarer

Geldsegen liegt über dem Selbstbehalt!
Die stärksten Bande sind Familienbande,
Bleibt die Familie doch die schlimmste Bande.

VIII.

Recht ist juristischer Erfolg mitnichten,
Weil Frau Iustitia ein unerhört
Perfides Weib ist, willkürlich verfährt,
Sich blind stellt für verblendete Ansichten.

Die Rechte? Ihre Rechte führt das Schwert,
Um hinzurichten anstatt aufzurichten;
Vermessen hat sie mit falschen Gewichten
Die falsch geeichten Waagschalen beschwert.

Denjenigen Parteien mit den kühnsten
Dummdreistigkeiten ist sie gern zu Diensten
Gleich einer Nutte, aber nicht für Geld:

Im Namen der Canaille scheint tatsächlich
Ihr Urteil recht ... mäßig und unbestechlich,
Nur dem nicht, der auf Treu und Glauben hält.

IX.

Als ob Kopflosigkeit sich selbst behaupte,
Gaben die Flügel der Begeisterung
Und des Erfolges ihrem Körper Schwung,
Der sich über dem Bug nach oben schraubte.

Wie leicht entfliegt all das, woran man glaubte!
Wie göttlich war allein die Vorstellung
Ewiger Jugend! Doch meist stirbt sie jung,
Und wenn sie abhebt, trennt sie sich vom Haupte

(Unauffindbar verloren), spreizt sich vorn
Auf der Galeere über dem Rammsporn ...
Was Nike eingebüßt, fehlt allen Siegern,

Und ihr Triumph ist ein kopfloser Wahn.
Nur Scheitern macht gescheit – bei Überfliegern
Kommt es letztendlich auf die Landung an.

X.

Die Großdiebin kann nur philisterhaft
Lügen, betrügen, gaunern und erschleichen;
Die Kinder in mentaler Geiselhaft
Zahlen dafür und können nicht entweichen.

Durchschaut man sie, so wird man abgestraft,
Und ist man ihr nicht willfährig, desgleichen.
Sie hat nur aus Selbstlosigkeit gerafft;
Der „Reichtum" muss für die „Familie" reichen.

Aus lauter Solidarität verspürt
Dies Jungvolk nicht, wie es bestohlen wird:
Großeltern, Vater, ein Teil der Verwandten;

Zielstrebigkeit, Charakter, Sicherheit,
Freiheit, Moral und Bildungsfähigkeit
Gehören zu den großen Unbekannten.

XI.

Dem Nachwuchs wird *Ihr* Geiz das Naturell
Sozial sowie emotional verkrüppeln
Und jede edle Regung niederknüppeln,
„Erziehung" heißt dies Lernen am Modell:

„Versauft bereits zu Lebzeiten *Sein* Fell,
Macht euch zu Sklavenhaltern und zu Rüpeln;
Droht der Dukatenesel abzunippeln,
Darf man besorgt sein (doch nur finanziell)."

Die Vaterschaft hat sich bei solcher Predigt
Der Kindesmutter bald von selbst erledigt;
Blind glaubt und folgt man der Brutalität.

Er mag schon zu Lebzeiten Abschied nehmen,
Und wenn er stirbt, braucht niemand sich zu grämen;
Scheiß auf die Rührszene am Sterbebett!

XII.

Dem Alten präsentiert man den Beleg
Von Konten, deren Kohle abgehoben
Und von der Kindesmutter längst verschoben:
Soziopathisch, skrupellos und träg.

In steiler Karriere führt der Weg
Vom Kober abwärts bis zum Schweinekoben;
Man darf den Tag schon vor dem Abend loben
Mit Unterhaltsbetrug als Hypothek.

Die Ferkelchen sind quietschfidel und reihen
Sich an den Trögen bei den Muttersäuen
Zum ekelhaften Fraß – wem ist er leid?

Kein Ring, kein Feierkleid, kein Kalb geschlachtet,
Kein Sohn, der um- und heimzukehren trachtet,
Kein Vater, welcher sich der Urständ freut.

Zwischenbericht

Helga Kolb

Die boote die bojen der strand / meine augen dem
himmel zugewandt / hinter den dünen rapsgelbes
licht / sich taub stellen / auch gegen den wind /
da war dieses kind / jahrzehnte alt und erwachsen
/ so lieblos getreten gegen das herz / wischte mir
das blut von der seele // wird sich geben meinst
du / und ich weine

als du gingst

Franziska Röchter

als du gingst da war nicht ersichtlich
dass es so gemeint war ein solches gehen
dass es schließlich endgültig werden
würde obwohl nichts danach aussah

du hattest alles gut geplant von
langer hand und mit viel überlegungen
nahmst eine flüchtig vollgestopfte
tasche riefst in den raum hinein tschüss

ich dachte noch er kommt bald wieder
da muss er jetzt gar nicht so viel mitnehmen
wartete danach vierzig wochen
nichts geschah nichts es geschah rein nichts

irgendwann die erlösende email
hi mir geht's gut und ich brauch nur mal ruhe
wenn ich was will werd ich mich schon melden
das war vor jahren du willst wohl nichts

dein spiel

Franziska Röchter

dein klavierspiel klingt
nicht mehr durchs haus
die tasten sind verstummt
das zimmer ist leer

dein rasierwasserduft
ist längst schon verflogen
hier und da noch haare
von dir im kamm

die erinn'rung an dich
wird blasser und blasser
deine stimme ist nur
noch ein phantom

der mensch der du warst
ist längst gestorben
wir bewahr'n ihn im innern
er war ein juwel

dein spiel mit uns
wurde flüchtig und kühler
es zog in den fluren
das haus ist nun grab

Der Novak

Gerald Jatzek

Der dich zum Gipfelkreuzzug trieb
am Tag des Herrn (wann sonst),
auf Berg um Berg, bis dir
die Schluchten Hoffnung gaben.

Der Ordnung schuf mit kalten Augen
und mit blauen Flecken, bis du
voll Zuversicht über die Straße liefst,
um doch nur im Spital zu landen.

Der nicht und nicht vergessen wird,
nicht in den Kniekehlen, im Hals.
Der weiterlebt am Tag des Zorns,
in deinen Schlägen
              gegen Wände.

Alles wieder gut

Gerald Jatzek

Der Mann, den du suchst,
fragt nicht, wenn du um drei Uhr morgens auftauchst,
fragt, wenn du um drei Uhr morgens auftauchst,
je nachdem,
ob du Ruhe oder doch Bestätigung erwartest.

Er weiß, was er will
und erschreckt nicht
mit Ansprüchen.

Er ist erfolgreich,
damit er sich nicht mehr beweisen muss.

Der Mann, den du suchst,
spendet im Kampf
der Feldhamster
gegen die Baulöwen.

Er steht mit beiden Beinen im Leben,
greift nach den Sternen,
schwimmt gegen den Strom
und hat kein Problem
mit deinen Ansprüchen
wie mit verbrauchten Metaphern.

Der Mann, den du suchst,
hat das Kinoprogramm im Kopf,
kennt jede esoterische Apotheke
und die besten Lokale der Stadt,
wo er wie selbstverständlich zahlt,
jedoch
mit romantischer Geste.

Der Mann, den du suchst,
versteht.

Er trägt Verantwortung
mit der Leichtigkeit des Träumers
und spielt Geige, ohne je zu üben.

Er schreibt Gedichte,
schneidet Gesichter,
stemmt Gewichte
und bewundert dich.

Der Mann, den du suchst,
ist sensibel.
Punkt.

Der Mann ist bestimmt, unterwürfig,
friedlich wild,
gelassen kuschelig,
analytisch einfühlsam,
intellektuell, irrational,
alles zu seiner Zeit.
Und er bewundert dich.

Der Mann, den du suchst,
macht alles wieder gut.

Perfekt ist er auch,
also beinahe,
so wie du.

Perlenschweiß und Demut Pauline Lichtenberg

Ich bin enttäuscht von dir, MEIN VATER!
Niemand war jemals Grund
zu einem lächelnden Menschenmund
an dir. Enttäuscht bin ich, MEIN VATER!
Du hast mich verschreckt, dein Fleischeskind,
wie ein scheues Tier kroch ich.
Umso wahrhafter für mich,
dass unsere Wurzeln zerschlagen sind.
Du bist in schwacher Gestalt der Sünde,
in Perlenschweiß und auch Gebaren.
Als wir noch Vater und Tochter waren,
ahnte ich nicht, was entstünde,
würden wir zwar schreien, doch nichts hören,
uns an der eigenen Gangart stören.
Seit ich dir mein Vertrauen nahm,
bist du der Mentor im Kostüm,
tilgst rigoros und ungestüm.
Du warst längst fort, als ich noch kam.

ohne titel

Rhia Moos

Als ich erkenne,
dass ihr diese – meine
Fehler lebt

tagtäglich ahnungslos begeht
und dabei nicht mal seht
wie endgültig

ich fast daran
erstickt bin

schlägt mein Selbsthass um:

es ist noch
ein Moment der Routine
es ist noch
mal dieser zu kleine Raum

~~mein Zimmer, wo's kaum~~
~~aber ausreichend Platz gibt, um~~
~~abseits von allem immer zu oft~~
~~Atem zu schöpfen~~

G e d a n k e n
ich schäl sie aus den Tapeten
puhl sie aus dem USB-Stick hervor
verbrenn sie mit den Gedichten

j e d e s G e f ü h l
selbsthass, depression, einsamkeit

ist hier auf engstem Raum
abseits von allem

komprimiert, immer weiter implodiert
wie konntet ihr so blind sein
bis jetzt:

ihr Helden der Kindheit

-das- habt ihr aus mir gemacht, -das- habt ihr
aus mir g e m a c h t, ich bin
genau wie ihr. Sagt mal, wie

könnt ihr
eigentlich nichts Falsches an euch sehen?
das Gerede von den zu dicken, zu dummen, zu „anderen" Menschen
an mir Wie könnt ihr mit euer Einfalt leben

ohne
dran zugrunde zu gehen?

Und wie kann ich?
Ich, anders und nichts,
zwischen euren Schranken
und den Blicken von Fremden
wie Chaos

ich
finde einen anderen Raum

Noch viel ferner von allem
mit mehr Luft zum Atmen
so groß
wie die Welt

Ich muss
fort von hier

für immer

Nur die Worte, wann nur finden wir sie wieder

Ilona Joensson

Wie bei uns
geht die Sonne doch auch morgens bei Euch auf
Und die Vögel
singen hier und dort dieselben Lieder
Und der Frühling
klopft ganz zart an unser beider Tür
Nur die Worte
wann nur finden wir sie für uns wieder?

Wie bei euch
leuchten tausend Sterne auch in uns`rer dunklen Nacht
Und der Mond
er scheint dort und hier auf uns hernieder
Und der Morgen
zart küsst er uns alle aus den schönsten Träumen wach
Nur die Worte
wann nur finden wir sie für uns wieder

Wie bei euch
bringt ein Kinderlachen auch bei uns das Glück ins Haus
Wie auch wir
so trocknet ihr ganz sicher manche Kinderträne
Und am Abend
findet ihr genau wie wir verdiente Ruh
Nur die Worte
wann nur finden wir sie für uns wieder

dein platz

Franziska Röchter

dein platz in uns
wird immer besetzt sein
der leere stuhl harrt geduldig der dinge
die nicht geschehen in diesem leben
unser jahresbaum sammelt weiter ringe
wir treten in neue räume ein
dort wird es andere stühle geben

dein platz war groß
er hinterlässt leere
in uns in zimmern im haus in herzen
wir reisen nach jerusalem im stehen
in kellern und speichern flackern noch kerzen
die gewissheit allen endes verdrängt die schwere
die du in den raum gabst um licht zu sehen

Autorinnen und Autoren

Brigitte Adam, *1951 in Kleinstadt in Mecklenburg, lebt seit 1974 in Berlin, Dipl.-Ing. (FH), Sie wurde 2009 durch den Vortrag eines schweizerischen Gedichts auf der Frankfurter Buchmesse im Radio angeregt, selbst Gedichte zu schreiben. Inzwischen etliche Veröffentlichungen in verschiedenen Anthologien.

Peter Ettl, *1954 in Regensburg, Redakteur und Schriftsteller, lebt in Gschaid/Niederbayern. 35 Bücher, Kulturförderpreis Regensburg, Kulturförderpreis Ostbayern.

Sandra Hlawatsch, *1978 in Ingolstadt; ihre familiären Wurzeln liegen jedoch in Nordböhmen (Tschechien). Sie hat an der LMU München Sprach- und Literaturwissenschaft studiert. Von Beruf Redakteurin. Kurzgeschichten und Gedichte in verschiedenen Literaturzeitschriften und Anthologien.

Gerald Jatzek, *1956 in Wien, lebt als Autor, Musiker und Journalist in Wien, schreibt für Kinder und Erwachsene. Staatspreis für Kinderlyrik 2001. Unzählige Veröffentlichungen, u. a. 2012 „Der Hund ist tot" (Kurzgeschichten mit B. Beyerl und M. Chobot).

Ilona Joensson, *1950 in Magdeburg, ist gelernte Dolmetscherin. 2006 Umzug nach Baden Württemberg. Seit 2013 Rentnerin. Schreibt seit 2006 Gedichte, eigener Lyrikband.

Andrea König arbeitet als Hochschulsekretärin in Bonn und lebt mit ihrer Familie im Grünen. Sie schreibt erst seit wenigen Jahren kreative Texte und hat be reits drei Kurzgeschichten veröffentlichen können.

Sabine Kohlert, *1970 in Nürnberg, lebt in Erlangen. Sie verfasst mit großer Begeisterung Kurzgeschichten und Gedichte, die sie regelmäßig in Anthologien veröffentlicht. Mitglied im Autorenverband Franken e.V.

Helga Kolb, *1942 in München. Veröffentlichung eines Romans und Texte in Anthologien sowie diverse Lyrikbände im Eigenverlag.

Peter Küstermann, *1950 in Hagen, u.a. Autor, Mailartist, alternativer Kulturmanager, Slam-Moderator u.v.m. Mitglied der internationalen Autorengemeinschaft „Die Kogge".

Sabine LaBe, *1954, Mathematikerin, Heilpraktikerin und Mutter von zwei Söhnen. Die Leidenschaft zum Schreiben entdeckte sie vor drei Jahren und ist seitdem dabei, sie zu ihrem Hauptberuf zu machen.

Horst Leiwig, *1938. Nach Tätigkeiten in verschiedenen Offizinen Maschinensetzer sowie Meisterprüfung für Schriftsetzer. Danach Wechsel in den öffentlichen Dienst. Unzählige Veröffentlichungen und etliche Eigenpublikationen.

Pauline Lichtenberg, *1988 in Anklam, ist Sachbearbeiterin beim Bundesamt für Justiz in Bonn. Ihre Interessen liegen in den Bereichen Psychologie, Literatur und Lyrik sowie Moderne Kunst. Dies ist ihre erste Veröffentlichung.

Rhia Moos, *1995, studiert in Bielefeld Anglistik und sprachliche und mathematische Grundbildung mit dem Ziel, Grundschullehrerin zu werden. In ihrer Freizeit verfasst sie Gedichte und Kurzgeschichten, die sie im Internet veröffentlicht.

Sandra Niermeyer, *1972 in Melle/Niedersachsen. schreibt und lebt in der Nähe von Würzburg. U. a. Würth-Literaturpreis der Tübinger Poetik-Dozentur und Förderpreis des Landes NRW für junge Künstlerinnen und Künstler in der Sparte Dichtung und Schriftstellerei. Zahlreiche Veröffentlichungen.

Beatrix Petrikowski, *1957 in Buer. Seit 2011 schreibt die gelernte Bürokauffrau Buchrezensionen sowie Kurzgeschichten, von denen einige bereits in Anthologien veröffentlicht wurden. Zwei Sachbücher sowie ein Kinderbuch.

Manfred Pricha, *1954 in Altötting, Studium der Wirtschafts- und Geschichtswissenschaften in Bochum, lebt und arbeitet in Bochum als Autor, Wissenschaftlicher Dokumentar und Historiker, schreibt Lyrik und Prosa: zahlreiche Veröffentlichungen in deutschsprachigen Literaturorganen, auf CD und im Internet.

Franziska Röchter lebt seit ca. 30 Jahren in Ostwestfalen. Mehrere eigene Bände, eine Poesie-CD sowie unzählige Veröffentlichungen in namhaften Literaturorganen. Betreibt seit 2011/12 den chiliverlag.

Jennifer Roseneck, *1985 in Potsdam, lebt heute mit ihrem Verlobten in Berlin. Seit 2012 nimmt sie aktiv an Ausschreibungen teil und studiert bei der Schule des Schreibens den Lehrgang „Romanwerkstatt".

Sacrydecs, *1982. lebt in Südwestdeutschland. Hobbymäßig schreibt sie seit jeher gerne, insbesondere Sachtexte und Lyrik. Einige Veröffentlichungen.

Sigune Schnabel, *1981 in Filderstadt in der Nähe von Stuttgart, studierte in Düsseldorf Literaturübersetzen und arbeitet heute als Projektmanagerin. Seit 2007 veröffentlicht sie ihre Gedichte in verschiedenen Anthologien und Zeitschriften.

Lena Sommer, *1966, lebt glücklich verpartnert in einer westfälischen Stadt. Nach einem selbstgewählten beruflichen Wechsel nach vielen Jahren ist sie heute als Sozialarbeiterin tätig. Ihr Beitrag ist ihre erste Veröffentlichung. Sie möchte damit auch anderen Mut machen, das vermeintlich schützende Schweigen zu durchbrechen.

Doris Steiner ist Autorin für Poetry Slam und Kurzgeschichten. Bereits 2007 hat sie mit Kurzgeschichten begonnen. Im Juni 2013 nahm sie zum ersten Mal an einem Poetry Slam teil.

Achim Stößer, *1963 in Durmersheim bei Karlsruhe, studierte Informatik. Er hatte einen Lehrauftrag an der Hochschule für Gestaltung Karlsruhe. Derzeit befasst er sich als Gründer der Tierrechtsinitiative Maqi hauptsächlich mit Veganismus und Antispeziesismus. Er veröffentlicht seit 1988 in Anthologien.

Dora Sun, *1980 in Emmerich am Rhein, ist Deutsch-Türkin. Sie schreibt bereits seit ihrem elften Lebensjahr Kurzgeschichten. Dies ist die erste, die sie an die Öffentlichkeit bringt.

Frank Stückemann, *1962 in Bielefeld, bis 1987 Studium der Ev. Theologie in Münster, ab 1991 Gemeindepfarrer. Übersetzungen (Corbière 1992, Cros 1993 und 1995, Laforgue 2002), Arbeiten zur Kirchen-, Literatur- und Kunstgeschichte (Germanisch-Romanische Monatsschrift, Archiv für das Studium der neueren Sprachen und Literaturen, Sinn und Form, Jahrbuch für Westfälische Kirchengeschichte, Pietismus und Neuzeit), 2009 Promotion über den westfälischen Aufklärer J. M. Schwager (1738-1804), Mitherausgeber von dessen Werken im Auftrag der Literaturkommission für Westfalen.

Barbara Zeizinger studierte Germanistik, Geschichte und Italienisch und lebt in Darmstadt. Sie veröffentlicht Lyrik, Prosa und Reiseberichte. Beteiligung an deutsch-polnischen Poesieprojekten, Mitglied u. a. in „Die Kogge", im VS, in der Hessischen Literaturgesellschaft, der Deutschen Haiku Gesellschaft und der internationalen Gruppe QuadArt.

Johannes Zenker, *1988, hat an der Universität Osnabrück Germanistik und Geschichte studiert. Er hat einige Texte veröffentlicht und arbeitet momentan als freier Journalist unter anderem für die Neue Osnabrücker Zeitung.

Jürgen Zimmermann, *1949 in Remscheid. Nach dem abgeschlossenen Architekturstudium in Wuppertal studierte er Pädagogik und unterrichtete bis zu seiner Pensionierung. Heute lebt, schreibt und musiziert er als Pensionär in Gütersloh.

Jule Weinrot schreibt, seit sie zur Schule geschickt wurde, das war in den 60er Jahren. Am meisten faszinieren sie Geschichten über die Abgründe des Menschen. Sie lebt in NRW und schreibt für diverse Medien.

Editorische Notiz

Franziska Röchter

Es gibt etliche Bücher auf dem Markt – oftmals aus der Perspektive eines betroffenen Elternteils geschrieben – die sich der Problematik gestörter Eltern-Kind-Beziehungen annehmen. Nicht selten entsteht das Bild einer einseitigen Sichtweise verbunden mit impliziten Schuldzuweisungen.

Für diesen Band waren Autoren aufgerufen worden, aus verschiedenen Perspektiven über die Problematik und ihre Erfahrungen mit radikalen Kontaktabbrüchen innerhalb der Familie – in den meisten Fällen geht es um Eltern-Kind-Beziehungen – zu schreiben. Es war die Idee, möglichst betroffene Eltern als auch möglicherweise Kinder in einem Band zu vereinen, um den Ursachen dieser oftmals für alle Beteiligten traumatischen Entwicklung nachzuspüren.

Entstanden ist – und das scheint einzigartig zu sein – ein Buch, in dem erstmalig *vorrangig* betroffene „Kinder" zu Wort kommen. Die 29 Autorinnen und Autoren dieses Bandes geben sowohl in fiktiv literarischer und lyrischer Form als auch durch introspektive Erfahrungsberichte detaillierten Einblick in das Seelenleben Betroffener, die sich zu diesem schweren Schritt höchst selten aus einer Laune heraus, sondern nach langen Überlegungen entschließen. Dass einige (wenige) Autoren hier lieber unter einem Pseudonym schreiben, liegt daran, dass das Prinzip Hoffnung eine große Antriebsfeder im Leben darstellt und kaum jemand sämtliche Türen endgültig hinter sich zuschlagen möchte.

Franziska Röchter   Februar 2015

Ralf Seeger, **DEUS IUDEX MEUS – Nur Gott ist mein Richter**
(Autobiografie), ISBN 978-3-943292-17-6, 316 Seiten,
chiliverlag 2014, Euro 16,90

Ralf Seeger, Kampfsportlegende im Free Fight, Kickboxen und Boxen, Bergsteiger, passionierter Tierschützer, Personenschützer, Schauspieler u.v.m. ist uns allen bekannt aus TV-Serien wie „Helden für Tiere" (VOX), „Harte Hunde" und aus weiteren Sendungen.

In dieser Autobiografie erzählt er seine bewegte Geschichte: von einer schwierigen Kindheit und Jugend, dem Abgleiten in Gewalt und Kriminalität und seinem langen Kampf um eine Rückkehr in ein Leben in Freiheit. Mit dieser packenden Autobiografie lässt Ralf Seeger tiefe Einblicke in seine Vergangenheit und seine Persönlichkeit zu. In sieben umfangreichen Kapiteln nimmt er den Leser mit auf seine Entwicklung vom Heimkind zum zweifachen Weltmeister im Free Fight sowie auf weitere wichtige Stationen in seinem Leben.

Strohblumenstörung – Politische Dichtung der Gegenwart I
Hrsg. Franziska Röchter, Vorwort: Ralf Burnicki
chiliverlag 2015, ISBN 978-3-943292-25-1
336 Seiten, EURO 12,-

240 Texte von 110 Autoren, darunter namhafte und bekannte Dichter, Autoren und Kulturschaffende wie Fritz Deppert, Jan Bereska, Anton G. Leitner, Michael Starcke, Monika Littau, Thomas Rackwitz, Sigrid Lichtenberger, Alex Dreppec, Marko Ferst, Manfred H. Freude, Ralf Burnicki u.v.m. geben sich ein politisch-poetisches Stelldichein. Die jüngste Autorin war bei ihrer Einreichung 16 Jahre.

Diese Sammlung von Lyrik und Kurzprosa findet in Band II und möglichst weiteren ihre Fortsetzung (zeitlich unbefristete Dauerausschreibung, an chiliverlag (at) aol.de).

Jetzt anders! Ein Lesebuch voller Vielfalt und für Toleranz
Hrsg. Franziska Röchter, Cover-/Fotos: Jacqueline Nolting
chiliverlag 2014, ISBN 978-394-3-292-15-2
188 Seiten, EUR 12,90

Von Alkoholismus, Autismus und Ausgrenzung, BIID, Depression, Fetischismus, Inklusion, Psychose, Schizophrenie bis hin zu Homo- und Transsexualität und Zwangsstörungen reichen die „besonderen" Erscheinungsformen menschlicher Existenz, mit denen sich 35 Autorinnen und Autoren literarisch auseinandersetzen. Unter Ihnen Schriftsteller wie Alex Dreppec, Gerald Jatzek, Andreas Koch u.v.m. Mit Fotos von Jacqueline Nolting und einem Essay über die „Normalitätslüge" von Josef Hader. Mit einer gnasenlos komischen Satire zum Thema Frauenfußball von der bekannten Erst-Bundesliga-Stürmerin Romina Burgheim.